LA BIBBIA DEL BARBECUE

500 Ricette da far venire l'acquolina in bocca, semplici da realizzare che ti renderanno il Re indiscusso della griglia e che regaleranno mangiate indimenticabili alla tua famiglia e ai tuoi amici.

Accademia del Barbecue™

Staten House

ISBN: 979-8-89965-070-3

Contatti: info@publishingwitchcraft.com

Tabella dei contenuti

TABELLA DEI CONTENUTI 5

INTRODUZIONE 8

RICETTE DI POLLO 14

PETTI DI POLLO ALLA GRIGLIA 14

POLLO INTERO AFFUMICATO 14

QUARTI DI COSCIA E COSCIA DI POLLO AFFUMICATI AL BARBECUE 15

PETTI DI POLLO AL LIMONE 16

PETTI DI POLLO AFFUMICATI (SEMPLICE) 16

COSCE DI POLLO AL BARBECUE CON PEPE 17

POLLO AFFUMICATO AL NOCCIOLO 17

POLLO AFFUMICATO E PATATE 18

POLLO GRIGLIATO ALLA PESCA E AL BASILICO 19

ALI DI POLLO AFFUMICATE AL BOURBON BBQ 20

COSCE DI POLLO AFFUMICATE 20

ALI DI POLLO AFFUMICATE ALL'ACERO 21

POLLO IN AGRODOLCE 21

POLLO STROFINATO AL CILE E CALCE 22

POLLO AFFUMICATO CON GLASSA BBQ ALL'ALBICOCCA 23

POLLO MARINATO AL LIMONE, ROSMARINO E BIRRA 23

POLLO DISOSSATO CALDO E DOLCE 24

POLLO ARROSTO CON PATATE AL PEPERONCINO 25

POLLO AFFUMICATO AL GUSTO D'ACERO 25

POLLO DOLCE AFFUMICATO ALL'AROMA DI TÈ NERO 26

POLLO DOLCE AFFUMICATO AL LIMONE E ZENZERO 27

ALI DI POLLO PICCANTI 27

COSCE DI POLLO ALLA BUFALA 28

BACCHETTE DI POLLO IN AGRODOLCE 29

TACOS DI POLLO BRASATO ALLA BIRRA CON SALSA DI JALAPENOS 30

ALI DI POLLO AFFUMICATE TERIYAKI CON CONDIMENTO AL SESAMO 31

POLLO SPEZIATO AL LIMONE 33

POLLO ALLA GRIGLIA 33

QUARTO DI COSCIA DI POLLO AFFUMICATO 34

SPIEDINI DI POLLO ALLA GRIGLIA 35

FAJITAS DI POLLO 35

ALI DI POLLO 36

POLLO AFFUMICATO DELLA CORNOVAGLIA SULLA GRIGLIA 36

ALI DI POLLO AFFUMICATE CALDE E PICCANTI 37

POLLO AL LIMONE 38

BOCCONCINI DI POLLO CON PEPERONI E CIPOLLE 38

POLLO AL MISO 39

POLLO ALL'ACERO E PANCETTA 40

POLLO ALLA PAPRIKA 40

POLLO AL BARBECUE DOLCE E PICCANTE 41

POLLO ALLA GRIGLIA 42

PETTO DI POLLO 42

GALLINE DELLA CORNOVAGLIA AFFUMICATE TRAEGER 43

COSCE DI POLLO ALLA GRIGLIA 43

POLLO ALLA GRIGLIA CON SALSA TABASCO 44

ALI DI POLLO AFFUMICATE E FRITTE 44

COSCE DI POLLO AFFUMICATE 45

QUARTI DI COSCIA DI POLLO AFFUMICATO 46

ROTOLINI DI POLLO FARCITI 46

POLLO CON SENAPE AL MIELE 47

POLLO AFFUMICATO ALLE ERBE 48

ALI DI POLLO TANDOORI 49

POLLO AL BARBECUE ASIATICO 50

POLLO ARROSTITO AL FUMO 50

HAMBURGER DI POLLO ASIATICO ALLA GRIGLIA 51

ALI DI POLLO PICCANTI GRIGLIATE 52

POLLO ALLA GRIGLIA 53

PETTO DI POLLO AL LIMONE 53

HAMBURGER DI POLLO AFFUMICATO 54

POLPETTE DI POLLO AFFUMICATO 55

PETTO DI POLLO AFFUMICATO CON ERBE SECCHE 55

POLLO ALLA GRIGLIA CON ANANAS 56

POLLO INTERO ALL'ARANCIA 57

GALLINA DELLA CORNOVAGLIA 57

POLLO CROCCANTE E SUCCOSO 58

POLLO SAPORITO 59

COSCE DI POLLO DEL SUD-EST ASIATICO 60

COSCE DI POLLO 60

COSCE DI POLLO GLASSATE 61

PETTO DI POLLO ALLA CAJUN 62

PETTO DI POLLO RICOPERTI DI SALSA BARBECUE 62

COSCE DI POLLO ECONOMICHE 63

POLLO INTERO AFFUMICATO CON GLASSA DI MIELE 64

ALI DI POLLO AL PARMIGIANO ALL'AGLIO 64

RICETTE DI MANZO 66

FILETTO DI MANZO 66

COSTOLETTE DI MANZO ALLA SENAPE 66

PUNTA DI PETTO DI MANZO DOLCE E PICCANTE 67

FILETTO DI MANZO AL BRANDY 68

ARROSTO DI FESA DI MANZO 69

ARROSTO DI PRIMA SCELTA ALLE ERBE 69

ARROSTO DI MANZO PICCANTE 70

BISTECCA DI MANZO SPEZIATA AL BARBECUE 71

PEPERONI RIPIENI DI MANZO 72

POLPETTONE AL BARBECUE 72

PUNTA DI PETTO DI MANZO AFFUMICATO CON RUB DOLCE E PICCANTE 73

SEMPLICE PETTO DI MANZO AFFUMICATO CON SALSA MOKA 74

COSTOLETTE DI MANZO AFFUMICATE AL LIMONE E ZENZERO 75

COSTOLETTE DI MANZO AFFUMICATE AL CIOCCOLATO 76

MANZO AFFUMICATO CON SALSA MAYO ALL'AGLIO 77

CARNE DI MANZO AFFUMICATA 78

Fesa di mazo affumicata 78

Manzo affumicato con glassa di miele   79

Manzo affumicato speziato con origano   80

Polpettone di peperoni dolci al barbecue   80

Bistecca scottata   81

Punta di petto al barbecue   82

Arrosto di prima scelta 83

Spiedini di manzo tailandese   83

Bistecca tomahawk   84

Bistecca arrostita al burro alla griglia   85

Bistecche di costata al peperoncino   85

Costolette di manzo al barbecue 86

Insalata di manzo tailandese   87

Manzo sfilacciato affumicato   88

Controfiletto essiccato 88

Bistecca di manzo scottata al contrario   89

Filetto di manzo affumicato   89

Bistecca di manzo con burro alla griglia 90

Arrosto speziato di prima scelta   91

Bistecca alla griglia in crosta di cacao   91

Spinacino di manzo arrosto   92

Carne di manzo essiccata con salsa Teriyaki 92

Costata di manzo alla griglia con burro   93

Brisket affumicato   94

Bistecche di costata affumicata Traeger   94

Suggerimento di viaggio affumicato con Java Chophouse 95

Arrosto di manzo   95

Carpaccio di manzo cotto alla griglia   96

Carne essiccata 97

Arrosto di manzo affumicato   98

Filetto di manzo alla griglia   98

Bistecca di manzo alla griglia   99

Peperoni ripieni 100

Arrosto di costata   100

Costolette di manzo Kalbi   101

Lecca lecca di costolette di manzo   102

Controfiletto di manzo alla griglia   104

Filetto di manzo in crosta di mandorle alla griglia   104

Filetto di manzo alla griglia condito con erbe   105

Bistecca di manzo alla griglia con melassa e aceto balsamico   107

Bistecca di manzo alla griglia con olio di arachidi ed erbe 107

Bistecche di manzo alla griglia con salsa di birra e miele 108

Bistecca di manzo La Rochelle alla griglia con ananas al curry 110

Arrosto di spalla di vitello alla griglia con finocchio e timo   110

Vitello alla griglia con crosta di senape e limone   111

Filetto di manzo con glassa all'aceto balsamico   112

Spinacino di manzo piccante   112

RICETTE DI HAMBURGER E PANINI 114

Bistecca alla griglia con panino al formaggio americano 114

Hamburger di tacchino macinato 114

Pulled Beef burger   115

Hamburger di maiale alla griglia 116

Delizioso sandwich BLT   116

Panino con pancetta, uova e formaggio   118

Hamburger di agnello alla griglia   118

Panini di agnello alla griglia   119

VERDURE E RICETTE VEGETARIANE (ERIKA) 120

Uova alla diavola affumicate   120

Zucchine ripiene alla griglia   120

Involtini di jalapeno con bacon   121

Fagiolini con pancetta   122

Insalata di patate alla griglia   122

Panino alle verdure   123

Zucchine alla griglia   124

Piselli grigliati 125

Cavolfiore con parmigiano e burro   125

Cavolfiore affumicato   126

Asparagi alla griglia   126

Melanzane grigliate   127

Verdure autunnali arrostite   127

Mandorle alla cannella 128

Semi di zucca arrostiti   128

Patate croccanti all'aglio   129

Avocado ripieni 129

Asparagi avvolti nella pancetta   130

Fagioli al forno   131

Cunei di parmigiano all'aglio   131

Spaghetti di zucca al forno   132

Pomodori affumicati   133

Olive affumicate   133

Spaghetti di zucca con burro e parmigiano 134

Jalapeno affumicato avvolto con pancetta 135

Crostata di pomodori al forno   135

RICETTE DI PESCE E FRUTTI DI MARE   137

Ricciola arrosto   137

Trota al forno 137

Salmone in salamoia al vino   138

Salmone agli agrumi   139

Lampuga   139

Trota al rosmarino   140

Platessa con semi di sesamo   141

Spiedini di gamberi al prezzemolo 141

Gamberi al burro   142

Capesante avvolte nel prosciutto 143

Vongole al burro   143

Code di aragosta al limone   144

Vongole alla calce del Cile con pomodori e pane grigliato
145

Pesce alla griglia con salsa verde 145

Bistecche di salmone alla griglia con salsa yogurt al
cilantro   146

Capesante alla griglia con salsa verde al limone   147

Gamberi alla griglia con burro   148

Capesante alla griglia con insalata di mais 148

Ostriche alla griglia con burro alla tequila   149

Calamaro di soia agli agrumi   150

Kebab di salmone speziato   151

Merluzzo al burro con cipolla alla griglia 152

Calamari alla griglia con salsa di senape, origano e
prezzemolo   152

Seppie alla griglia con insalata di spinaci e pinoli   153

Filetti di pesce gatto al limone di Digione alla griglia
154

Filetti di halibut alla griglia con marinata al peperoncino
e rosmarino   155

Aragosta alla griglia con burro al limone e prezzemolo
155

Trota alla griglia con marinata di vino bianco e
prezzemolo   156

Calamari ripieni grigliati 157

Stufato di pesce   158

Gamberi affumicati   159

Merluzzo con burro al limone e alle erbe   159

Salmone con salsa di avocado   160

Chele di granchio al burro   161

Salmone affumicato alla griglia   161

Gamberi piccanti   162

Tonno grigliato alle erbe   162

Arrosto di dentice   163

Filetti di pesce al pesto   164

Halibut con pesto di aglio   164

Dentice vermiglio intero 165

Branzino affumicato   165

Hamburger di tonno   166

Vongole alla griglia con burro all'aglio   167

Ricetta di pesce semplice ma deliziosa   167

Chele di granchio alla griglia   168

Bistecche di tonno scottate   169

Mix di gamberi arrostiti 170

Spiedini di gamberi conditi   170

Trota marinata 172

CONCLUSIONE   173

Introduzione

Non c'è niente di più bello che cucinare il cibo all'aria aperta. Le tecniche sono semplici, la pulizia è facile e il cibo grigliato ha un sapore incredibile.

L' esigenza di cuocere il cibo sul fuoco è stata da sempre sentita dall'uomo: gli stessi uomini delle caverne si erano presto resi conto che mangiare la carne cruda degli animali che cacciavano non doveva essere poi così salutare. Ben presto hanno scoperto che così cotta la carne oltre ad essere sicuramente così digeribile, era anche molto più buona. Da lì a poco hanno sicuramente iniziato ad apprezzare il clima di compagnia e convivialità che ne conseguiva.

L'origine del termine non è del tutto condivisa ma va per la maggiore che si rifaccia alla parola "barbecue", che nella lingua degli indiani dei Caraibi indicava una graticola su cui erano posti diversi tipi di cibo, di solito ricoperto da foglie. Grazie alle varie migrazioni poi tale modalità giunse anche agli indiani nativi d'America e successivamente tale modalità di cottura venne copiata e importata dai conquistadores spagnoli e ben presto mescolata ai sapori europei. In oltre la capacità di rendere tenere anche le carni più dure ne ha permesso un'ampia diffusione tra gli strati poveri delle popolazioni. Il termine viene poi dagli inglesi trasformato in barbecue. Un'altra versione attendibile ne fa derivare dal termine francese barbe a queue che significa letteralmente dalla barba alla coda e si riferisce probabilmente al fatto che l'animale, solitamente, veniva arrostito intero con uno spiedo infilato.

Comunque, qualunque sia la storia noi siamo contenti di poter beneficiare oggi dei benefici di questa modalità di cottura e gustarci le nostre pietanze cucinate a puntino.

Cucinare sul barbecue è diventato ormai parte integrante della cultura di mezzo mondo.

Esistono però molteplici tipi di barbecue che soddisfano le più svariate esigenze di cottura ma anche estetiche e soprattutto economiche.

PER PRIMA COSA LA SICUREZZA

La prima raccomandazione, che vale in ogni occasione, è l'attenzione alla sicurezza: se la grigliata si svolge su un prato in giardino non bisogna appoggiarsi direttamente sull'erba, se al contrario vi trovate su una terrazza state molto attenti ad eventuali tendaggi. È ottima cosa avere sempre dell'acqua a portata di mano o eventualmente un piccolo estintore.

ALCUNI CONSIGLI:

Avere un estintore dedicato alla zona della griglia (e un altro per la cucina).

Non tentare mai di spostare una griglia calda.

Seguire le procedure standard di avviamento, preriscaldamento e spegnimento del dispositivo.

Questi passi vi permetteranno di innescare e accendere in modo sicuro e in seguito di spegnere e pulire la coclea e la pentola del fuoco. Le procedure aiutano a prevenire l'accumulo pericoloso di pellet nella pentola del fuoco.

Tenete i bambini, gli animali domestici, i liquidi infiammabili e i rivestimenti in vinile a una distanza di sicurezza da essa per l'intero processo di cottura.

Non alimentare con legni strani, in particolare con quelli che non sono stati prodotti specificamente per la cottura. Questo perché il pellet non sicuro per il cibo può essere composto da legno di scarto. Il legno di scarto della costruzione è spesso trattato con sostanze chimiche tossiche e altre finiture indesiderabili che non vorresti ingerire.

Non utilizzare mai il tuo grill elettrico sotto la pioggia. Ricorda che il tuo grill si basa sull'elettricità per funzionare e le macchine elettriche non dovrebbero mai bagnarsi.
Stacca la tua griglia elettrica quando non la usi ed evita di collegare lunghe prolunghe. Anche se la griglia genera il suo calore con la legna che brucia, hai ancora possibili pericoli di elettricità.

FONDAMENTI

COME SCEGLIERE
Il passo principale e più importante è quello di scegliere un affumicatore. Si può investire in qualsiasi tipo di affumicatore: affumicatore a carbone, affumicatore a gas o affumicatore elettrico. Un affumicatore a carbone funziona a lungo e mantiene il calore più costante nell'affumicatore e dà alla carne sapori puri. Una buona scelta per i cuochi principianti per affumicare la carne è un affumicatore a gas dove non c'è bisogno di monitorare la temperatura ma questa scelta ha anche lato negativo poichè la carne non avrà molto sapore rispetto all'affumicatore a carbone. D'altra parte, l'affumicatore più semplice, facile e popolare è un affumicatore elettrico. Cucinare con un affumicatore elettrico comporta solo due fasi: accenderlo, metterci la carne e andare via.

SCEGLIERE IL CARBURANTE
I trucioli di legno aggiungono un sapore unico alla carne, quindi, scegliete quei trucioli di legno che migliorerebbero il gusto della carne. Alcuni trucioli di legno hanno un sapore più forte, alcuni lo hanno mite mentre altri sono appena sufficienti per il fumo.

TIPO DI METODO DI FUMO
Hai varie scelte per affumicare la carne, usando l'affumicatura a umido, l'affumicatura a secco, il fumo liquido o l'affumicatura ad acqua. Leggi la parte "La differenza fondamentale tra l'affumicatura a freddo e a caldo" per scoprire le differenze tra ciascuna. Inoltre, esamina la parte sull'affumicatura della carne nell'unità "la differenza tra il barbecue e l'affumicatura della carne".

IMMERGERE I TRUCIOLI DI LEGNO
I trucioli di legno hanno bisogno di impregnarsi per durare più a lungo per alimentare l'affumicatura. La ragione è che il legno secco brucia rapidamente e questo significa aggiungere più combustibile all'affumicatore. Non c'è bisogno di usare trucioli di legno quando si affumica per un tempo più breve. Preparate i trucioli immergendoli in acqua per almeno 4 ore prima di iniziare ad affumicare. Poi scolare i trucioli e avvolgerli e sigillarli in un foglio di alluminio. Usare uno stuzzicadenti o una forchetta per fare dei buchi nel sacchetto dei trucioli.

SET AFFUMICATORE

Ogni tipo di affumicatore ha il suo modo di iniziare a fumare. Per gli affumicatori a legna o a carbone, per prima cosa, accendere la metà della carbonella e aspettare che la fiamma si abbassi. Poi aggiungere la carbonella rimanente e i trucioli di legno, se si usano. Attendere fino a quando saranno accesi e dare calore completamente, poi spingere il carbone da una parte e posizionare la carne sull'altro lato della griglia di cottura. Questo viene fatto per assicurarsi che la carne venga affumicata indirettamente a fuoco basso. Continuare ad aggiungere carbone di legna e trucioli imbevuti nell'affumicatore.

Per l'affumicatore a gas/propano o elettrico, basta accenderlo secondo le linee guida del produttore e poi aggiungere i trucioli imbevuti nel porta trucioli e riempire il recipiente dell'acqua se l'affumicatore ne ha uno. Usate il termostato incorporato o compratene uno per monitorare la temperatura interna dell'affumicatore. Quando l'affumicatore raggiunge la temperatura preriscaldata desiderata, aggiungete la carne.

SELEZIONE DELLA CARNE PER L'AFFUMICATURA

Scegliete il tipo di carne che ha un buon sapore di affumicato. La seguente carne va bene per l'affumicatura.

- Manzo: costolette, punta di petto e manzo sotto sale.
- Maiale: costine di maiale, arrosto, spalla e prosciutto.
- Pollame: pollo intero, tacchino intero e galline.
- Frutti di mare: Salmone, capesante, trota e aragosta.

PREPARARE LA CARNE

Preparare la carne secondo la ricetta. A volte la carne viene curata, marinata o semplicemente condita con il rub. Questi metodi di preparazione assicurano che la carne affumicata risulti saporita, tenera ed estremamente succosa.

La salamoia è una soluzione per trattare il pollame, il maiale o il prosciutto. Si tratta di sciogliere gli ingredienti della salamoia in acqua versata in un enorme contenitore e poi aggiungervi la carne. Poi lasciate in ammollo per almeno 8 ore e dopo di che, sciacquatela bene e asciugatela prima di iniziare a cuocere.

Marinare la carne di manzo o la punta di petto e aggiungervi i sapori. È meglio fare dei tagli profondi nella carne per far marinare gli ingredienti in profondità. Scolare la carne o affumicarla subito.

I rubs sono comunemente usati per trattare il manzo, il pollame o le costolette. Sono in realtà una combinazione di sale e molte spezie strofinate generosamente su tutta la carne. Poi la carne viene lasciata riposare per almeno 2 ore o poco più prima di affumicarla.

Prima di affumicare la carne, assicurarsi che sia a temperatura ambiente. Questo assicura che la carne sia cotta in modo uniforme e che raggiunga la sua temperatura interna alla fine del tempo di affumicatura.

METTERE LA CARNE NELL'AFFUMICATORE

Non mettete la carne direttamente sul fuoco nell'affumicatore perché lo scopo principale dell'affumicatura è la cottura della carne a basse temperature. Mettete da parte il vostro combustibile su un lato dell'affumicatore e mettete la carne sull'altro lato e lasciate cuocere.

Tempo di affumicatura: Il tempo di affumicatura della carne dipende dalla temperatura interna. Per questo, usate un termometro da carne e inseritelo nella parte più spessa della carne. Il tempo di affumicatura varia anche con le dimensioni della carne. Controllare le ricette per determinare il tempo esatto di affumicatura della carne.

INSAPORIRE LA CARNE

Alcune ricette richiedono di spennellare la carne con soluzioni sottili, salse o salse marinate. Questo passo non solo rende la carne migliore nel gusto ma aiuta anche a mantenere l'umidità nella carne durante il processo di affumicatura. Leggi la ricetta per verificare se l'imbastitura è necessaria.

Togliere la carne: Quando la carne raggiunge la temperatura interna desiderata, toglierla dall'affumicatore. In generale, il pollame dovrebbe essere tolto dall'affumicatore quando la sua temperatura interna raggiunge i 75°C. Per le carni macinate, il prosciutto e il maiale, la temperatura interna dovrebbe essere 70°C. 60°C è la temperatura interna per braciole, arrosti e bistecche.

ACCESSORI

È possibile adattare rapidamente gran parte dell'attrezzatura da cucina e da barbecue che già si possiede per l'affumicatura ma ammettiamolo: Noi pit master amiamo i nostri giocattoli. Ecco una lista dei miei strumenti e gadget preferiti.

MUST-HAVES

TERMOMETRO: Tutti hanno bisogno di un buon termometro per la carne. I termometri analogici di vecchia scuola vanno bene ma ho notato un significativo calo dei prezzi recentemente nella qualità, termometri digitali a lettura istantanea. Dieci dollari su Amazon ti daranno una sonda affidabile che puoi usare con fiducia.

MOP: Andare alla grande con la carne significa andare alla grande con l'attrezzatura. I maestri di fossa che lavorano con maiali interi o tonnellate di grosse punte di petto a volte usano un nuovo mop di cotone a grandezza naturale per applicare le loro salse di imbastitura. Un modello full-size è troppo grande per la maggior parte delle esigenze ma ci sono ora versioni più piccole che fanno il lavoro di assorbire un sacco di sugo sottile.

BOTTIGLIA SPRAY: Guardate nell'area delle forniture da giardino del vostro supermercato per trovare bottiglie di plastica spray vuote e sicure per alimenti per salse sottili. Come con gli iniettori, è necessario mantenere il liquido privo di grumi e spezie grosse che intaseranno il tubo interno. Ma la cosa bella di queste bottiglie è che puoi gettarle in lavastoviglie e riutilizzarle.

INIETTORE: Questi strumenti, simili a una siringa da medico, permettono di marinare la carne dall'interno all'esterno. Il cavernicolo che c'è in voi sarà tentato di comprare un iniettore commerciale e pesante ma io ho sempre avuto successo con gli iniettori di plastica economici per tacchini che si trovano nel negozio di alimentari.

ESTINTORE: Questo può sembrare sciocco, specialmente quando si parla di fumare a basse temperature ma credo che valga la pena averne due: un piccolo estintore per la cucina e uno vicino al patio. Ma probabilmente avete già un estintore da cucina, giusto?

GUANTI: Mi piacciono i guanti da griglia impermeabili e resistenti al calore. Usali per afferrare la carne direttamente dalla griglia e iniziare a staccare i mozziconi di maiale a mano.

FOGLIO DI ALLUMINIO PESANTE: Puoi trovare il vecchio foglio di alluminio pesante nella maggior parte dei grandi negozi di alimentari. Usalo per avvolgere arrosti interi.
Altri oggetti

TAPPETINI ANTIADERENTI PER GRIGLIE: Questi tappetini a rete flessibili e resistenti al calore aiutano a fare un lavoro veloce di pulizia dell'affumicatore. A differenza di uno strato di pellicola, che vieta il flusso di fumo e aria, la rete permette alla parte inferiore della carne di ottenere tanto fumo quanto la parte superiore e i lati.

SCHERMO PER PIZZA PERFORATO: Usate schermi per pizza da 12 pollici invece di tappetini per la griglia. Potete trovarli anche su Amazon. Sono rigidi, facili da maneggiare, riutilizzabili e lavabili in lavastoviglie.

SPAZZOLA DA GRIGLIA: Fai attenzione con le spazzole da griglia in filo metallico. Le setole a volte cadono. Un altro pericolo è la possibilità di graffiare le griglie rivestite di porcellana. Invece, usa una spazzola di plastica per griglie ad alta temperatura.

RACK RIB: Le griglie degli affumicatori sono spesso di dimensioni limitate. Se stai lavorando con una griglia rotonda e un coperchio a cupola, vorrai un semplice rack per le costole per massimizzare ogni centimetro quadrato della griglia.

FORCHETTE DA ORSO: Questo è un nome creativo per grandi e pesanti forchette manuali. Il loro unico scopo è quello di staccare le spalle di maiale fresche e calde.

TEMPERATURE, TEMPI E GRADO DI COTTURA
Come guida generale, qui sotto ci sono diverse temperature e il tempo necessario per i seguenti alimenti.

Pesce e frutti di mare:
- Il pesce bianco e il salmone possono essere grigliati a 200-230° C per 5-8 minuti su ogni lato o fino a quando si sfaldano.

- L'aragosta al vapore può essere cotta a 90-105° C per 15 minuti per 450 gr di aragosta.
- Le capesante cuociono a 85° C per 1-1,5 ore
- I gamberi richiedono 200-230° C per 3-5 minuti su ogni lato

Maiale:

- Le costolette di maiale possono essere affumicate a 130° C per 3-6 ore
- La lonza di maiale cuoce a 200° C finché la temperatura interna non raggiunge i 70-80° C
- Il culo di maiale tirato può essere cotto a 105-120° C e fino a quando la temperatura interna raggiunge i 90° C
- La pancetta e le salsicce cuociono a 220° C per 7 minuti su ogni lato o fino a cottura

Manzo:

- Le costolette di manzo possono essere cotte a 100-105° C per 4-6 ore finchй la carne si stacca facilmente dall'osso
- La punta di petto di manzo cuoce a 120° C per 4 ore e poi coperta con un foglio di alluminio per cuocere per altre 4 ore o più
- Il filetto di manzo al sangue medio cuoce a 105-120° C per 3 ore
- Il beef jerky richiede un'impostazione a fuoco basso per 4-5 ore

Pollame:

- Il pollo intero cuoce a 200° C fino a quando la temperatura interna raggiunge i 70° C
- Il petto di pollo richiede 200° C e 15 minuti su ogni lato
- Il fagiano cuoce a 90° C per 2-3 ore fino a quando la temperatura interna raggiunge i 70° C
- Il tacchino affumicato richiede una temperatura di 75-105° C per 10-12 ore o fino a quando la temperatura interna и di 70° C.

Ricette di pollo

Petti di pollo alla griglia

Preparazione: 30 minuti   **Cottura**: 30 minuti   **Porzioni**: 4

Ingredienti:

- 4 petti di pollo interi, disossati
- ¼ di tazza di olio d'oliva
- 1 cucchiaino di aglio pressato
- 1 cucchiaino di salsa di soia
- 1 cucchiaino di pepe di Caienna in polvere
- ½ tazza di salsa BBQ

Indicazioni:

- In una ciotola, combinare tutti gli ingredienti tranne la BBQ Sauce e assicurarsi di strofinare i petti di pollo fino a ricoprirli con la miscela. Lasciare marinare in frigorifero per almeno una notte.
- Accendete la griglia. Lasciare che la temperatura salga a 260°C e preriscaldare per 5 minuti. Ridurre la temperatura a 75°C.
- Mettere il pollo sulla griglia e cuocere per 30 minuti.
- Cinque minuti prima che il pollo sia pronto, glassare il pollo con la salsa BBQ
- Servire immediatamente.

Nutrizione:

Calorie: 631   Proteine: 61g   Carboidrati: 2.9g   Grasso: 40,5g   Zucchero: 1,5g

Pollo intero affumicato

Preparazione: 30 minuti   **Cottura**: 3 Ore   **Porzioni**: 6

Ingredienti:

- ½ tazza di sale
- 1 tazza di zucchero di canna:
- 1 pollo intero (circa 1kg e mezzo)
- 1 cucchiaino di aglio tritato
- 1 limone, tagliato a metà
- 1 cipolla media, tagliata in quattro
- 3 chiodi di garofano interi
- 5 rametti di timo

Indicazioni:

- Sciogliere il sale e lo zucchero in 4 litri d'acqua. Una volta sciolti, mettere il pollo nella salamoia e lasciarlo marinare per 24 ore.
- Quando si è pronti a cucinare, accendere il Grill a 120°C e lasciarlo preriscaldare per 15 minuti con il coperchio chiuso. Utilizzare qualsiasi Traeger desiderato ma è consigliabile utilizzare il Traeger all'acero.
- Mentre la griglia si preriscalda, togliere il pollo dalla salamoia e asciugarlo con un tovagliolo di carta.
- Strofinare l'aglio tritato su tutto il pollo. Riempire la cavità del pollo con i restanti ingredienti.
- Legare le gambe insieme con una corda naturale.
- Mettere il pollo ripieno direttamente sulla griglia e fumare per 3 ore fino a quando la temperatura interna del pollo sarà di 70°C circa in particolare nella parte del petto.
- Togliete il pollo e grigliate.

Nutrizione:

Calorie: 251   Proteine: 32,6g   Carboidrati: 19g   Grasso: 4,3g   Zucchero: 17,3g

Quarti di coscia e coscia di pollo affumicati al barbecue

Preparazione: 30 Minuti   **Cottura**: 2 Ore   **Porzioni**: 6

Ingredienti:

- 6 cosce di pollo (con coscia e fuselli)
- 2 cucchiai di olio d'oliva

Indicazioni:

- Mettere tutti gli ingredienti in una ciotola e mescolare fino a quando i pezzi di pollo sono ricoperti di olio e strofinare. Lasciare marinare per almeno 2 ore.
- Accendere la griglia a 80°C. Chiudi il coperchio e lascia preriscaldare per 10 minuti.
- Disporre il pollo sulla griglia e affumicare per un'ora. Aumentare la temperatura a 175°C e continuare la cottura per un'altra ora finché il pollo è dorato e i succhi sono puliti.
- Per controllare se la carne è cotta, inserire un termometro da carne, e assicurarsi che la temperatura sulla parte più spessa del pollo registri 75°C.
- Togliere il pollo e servire.

Nutrizione:

Calorie: 358   Proteine: 50,8g   Carboidrati: 0g   Grasso: 15.7g   Zucchero: 0g

Petti di pollo al limone

Preparazione: 20 Minuti   **Cottura**: 40 Minuti   **Porzioni**: 6

Ingredienti:

- 1 spicchio d'aglio, tritato
- 2 cucchiai di miele
- 2 cucchiaini di sale
- 1 cucchiaino di pepe nero, macinato

- 2 rametti di foglie di timo fresco
- 1 limone, sbucciato e spremuto
- ½ tazza di olio d'oliva
- 6 petti di pollo disossati

Indicazioni:

- Preparare la salsa marinata unendo l'aglio, il miele, il sale, il pepe, il timo, la scorza di limone e il succo in una ciotola. Frullare fino a quando non è ben amalgamato.
- Mettere il pollo nella marinata e mescolare con le mani per ricoprire la carne con la marinata. Mettere in frigo per 4 ore.
- Quando si è pronti a grigliare, accendere il Grill a 205°C. Chiudere il coperchio e preriscaldare per 10 minuti. Scolare il pollo e scartare la marinata.
- Disporre i petti di pollo direttamente sulla griglia e cuocere per 40 minuti o fino a quando la temperatura interna della parte più spessa del pollo raggiunge i 75°C.
- Irrorare con altro succo di limone prima di servire.

Nutrizione:

Calorie: 669   Proteine: 60,6g   Carboidrati: 3g   Grasso: 44,9g   Zucchero: 2.1g

Petti di pollo affumicati (semplice)

Preparazione: 20 Minuti   **Cottura**: 30 Minuti   **Porzioni**: 4

Ingredienti:

- 4 grandi petti di pollo, senza ossa e pelle
- 1 cucchiaio di olio d'oliva
- 2 cucchiai di zucchero di canna
- 2 cucchiai di sciroppo d'acero
- 1 cucchiaino di semi di sedano

- 2 cucchiai di paprika
- 2 cucchiai di sale
- 1 cucchiaino di pepe nero
- 2 cucchiai di aglio in polvere
- 2 cucchiai di polvere di cipolla

Indicazioni:

- Mettere tutti gli ingredienti in una ciotola e massaggiare il pollo con le mani. Mettere in frigo a marinare per almeno 4 ore.
- Accendere il Grill a 175°C e usare traeger di acero. Chiudere il coperchio e lasciare preriscaldare per 15 minuti.
- Mettere il pollo sulla griglia e cuocere per 15 minuti con il coperchio chiuso.
- Girare il pollo e cuocere per altri 10 minuti.
- Inserire un termometro nella parte più spessa del pollo e assicurarsi che la temperatura sia di 75°C.
- Togliere il pollo dalla griglia e lasciarlo riposare per 5 minuti prima di affettarlo.

Nutrizione:

Calorie: 327   Proteine: 40g   Carboidrati: 23g   Grasso: 9g   Zucchero: 13g

Cosce di pollo al barbecue con pepe

Preparazione: 15 minuti   **Cottura**: 35 minuti   **Porzioni**: 6

Ingredienti:
- 6 cosce di pollo con osso
- Sale e pepe a piacere

Indicazioni:
- Mettere tutti gli ingredienti in una ciotola e lasciare marinare in frigorifero per almeno 4 ore.
- Quando si è pronti a cucinare, accendere il Grill a 175°C. Chiudere il coperchio e preriscaldare per 15 minuti.
- Mettere il pollo direttamente sulla griglia e cuocere per 35 minuti. Per controllare se il pollo è ben cotto, inserire un termometro per la carne e assicurarsi che la temperatura interna sia di 75°C.
- Servire il pollo immediatamente.

Nutrizione:

Calorie: 430   Proteine: 32g   Carboidrati: 1.2g   Grasso: 32.1g   Zucchero: 0.4g

Pollo affumicato al nocciolo

Preparazione: 30 minuti   **Cottura**: 30 minuti   **Porzioni**: 4

Ingredienti:

- 4 petti di pollo
- ¼ di tazza di olio d'oliva
- 1 cucchiaino di aglio pressato
- 1 cucchiaio di salsa di soia
- Aromi per pollo

Indicazioni:

- Mettere tutti gli ingredienti in una ciotola tranne la salsa di soia. Massaggiare il pollo fino a che tutte le parti siano ricoperte dal condimento.
- Lasciare marinare in frigorifero per 4 ore.
- Una volta pronti a cucinare, accendere il Grill a 175°C. Chiudere il coperchio e preriscaldare per 15 minuti.
- Mettere il pollo direttamente sulla griglia e cuocere per 30 minuti. Girare il pollo a metà del tempo di cottura.
- Cinque minuti prima della fine della cottura, spennellare tutte le superfici del pollo con la salsa di soia.
- Servire immediatamente.

Nutrizione:

Calorie: 622   Proteine: 60,5g   Carboidrati: 1.1g   Grasso: 40.3g   Zucchero: 0.4g

Pollo affumicato e patate

Preparazione: 30 Minuti   **Cottura**: 35 Minuti   **Porzioni**: 4

Ingredienti:

- 1 kg di pollo
- 2 cucchiai di zucchero di cocco
- 1 cucchiaio di polvere di cipolla
- 2 cucchiai di aglio in polvere
- 1 cucchiaino di pepe di Caienna in polvere
- 2 cucchiaini di sale di Cervia
- 4 cucchiai di olio d'oliva
- 850 gr di patate da crema tagliate a metà
- Un pizzico di pepe nero in polvere

Indicazioni:

- Mettere il pollo in una ciotola. In una ciotola più piccola, combinare lo zucchero di cocco, la cipolla in polvere, l'aglio in polvere, il pepe di cayenna in polvere e il sale. Aggiungere l'olio d'oliva. Strofinate la miscela sul pollo e lasciate marinare per 4 ore in frigorifero.

- Accendere il Grill a 200°c e chiudere il coperchio. Preriscaldare a 15 minuti.
- Mettere il pollo condito in un piatto resistente al calore e disporre le patate intorno al pollo. Salare le patate.
- Mettere nella griglia e cuocere per 30 minuti. Abbassare il calore a 120°c e cuocere per un'altra ora.
- Inserire un termometro da carne nella parte più spessa del pollo e assicurarsi che la temperatura sia di 75°C. Girate il pollo a metà del tempo di cottura per una doratura uniforme.

Nutrizione:

Calorie: 991   Proteine: 49.8g   Carboidrati: 6.5g   Grasso: 79.7g   Zucchero: 73.6g

Pollo grigliato alla pesca e al basilico

Preparazione: 30 minuti   **Cottura**: 35 minuti   **Porzioni**: 4

Ingredienti:

- 4 petti di pollo disossati
- ½ tazza di conserva di pesche, non zuccherata
- ½ tazza di olio d'oliva
- ¼ di tazza di aceto di sidro di mele
- 3 cucchiai di succo di limone
- 2 cucchiai di senape
- 1 spicchio d'aglio, schiacciato
- ½ cucchiaino di salsa piccante rossa
- ½ tazza di foglie di basilico fresco, tritate
- Sale a piacere
- 4 pesche, dimezzate, senza nocciolo

Indicazioni:

- Mettere il pollo in una ciotola e mescolare la conserva di pesche, l'olio d'oliva, l'aceto, il succo di limone, la senape, l'aglio, la salsa rossa piccante e le foglie di basilico.
- Massaggiare il pollo fino a che tutte le superfici siano ricoperte dalla marinata. Marinare in frigorifero per 4 ore.
- Una volta pronti a cucinare, accendere il Grill a 200°C. Chiudere il coperchio e preriscaldare per 15 minuti.
- Mettere il pollo direttamente sulla griglia e cuocere per 35 minuti.
- Girare il pollo a metà del tempo di cottura.
- Dieci minuti prima della fine della cottura, mettete le mezze pesche e grigliate.
- Servire con il pollo.

Nutrizione:

Calorie: 777   Proteine: 61g   Carboidrati: 9.8g   Grasso: 54.2g   Zucchero: 8g

Ali di pollo affumicate al Bourbon BBQ

Preparazione: 20 Minuti   **Cottura**: 24 Minuti   **Porzioni**: 8

Ingredienti:

- 2 kg di ali di pollo
- 2 cucchiai di olio d'oliva
- Sale e pepe a piacere
- ½ cipolla media, tritata
- 5 spicchi d'aglio, tritati
- ½ tazza di bourbon

- 2 tazze di ketchup
- 1/3 tazza di aceto di sidro di mele
- 2 cucchiai di fumo liquido
- ½ cucchiaino di sale di Cervia
- ½ cucchiaino di pepe nero
- Un pizzico di salsa piccante

Indicazioni:

- Mettere il pollo in una ciotola e irrorare con olio d'oliva. Condire con sale e pepe a piacere. In un'altra ciotola, combinare il resto degli ingredienti e mettere da parte.
- Accendere la griglia a 200°C. Chiudere il coperchio e lascia preriscaldare per 15 minuti.
- Mettere il pollo sulla griglia e cuocere per 12 minuti su ogni lato.
- Usando un pennello, spennellare le ali di pollo con la salsa al bourbon su tutti i lati.
- Girate il pollo e cuocete per altri 12 minuti con il coperchio chiuso.

Nutrizione:

Calorie: 384   Proteine: 50.7g   Carboidrati: 17.8g   Grasso: 11.5g   Zucchero: 13.1g

Cosce di pollo affumicate

Preparazione: 20 Minuti   **Cottura**: 24 Minuti   **Porzioni**: 6

Ingredienti:

- 6 cosce di pollo
- ½ tazza di salsa BBQ commerciale di vostra scelta

- 1 ½ cucchiaio di spezie per il pollo
- 4 cucchiai di burro

Indicazioni:

- Mettere tutti gli ingredienti in una ciotola tranne il burro. Massaggiare il pollo per

assicurarsi che il pollo sia ricoperto dalla salsa marinata.
- Mettere in frigo a marinare per 4 ore.
- Accendere la griglia a 175°C. Chiudere il coperchio e preriscaldare per 15 minuti.
- Quando si è pronti a cucinare, mettere il pollo sulla griglia e cuocere per 12 minuti su ogni lato.
- Prima di servire il pollo, spennellare con il burro sulla parte superiore.

Nutrizione:

Calorie: 504   Proteine: 32.4g   Carboidrati: 2.7g   Grasso: 39.9g   Zucchero: 0.9g

Ali di pollo affumicate all'acero

Preparazione: 25 Minuti   **Cottura**: 30 Minuti   **Porzioni**: 4

Ingredienti:
- 16 ali di pollo
- 1 cucchiaio di olio d'oliva
- 1 cucchiaio di aromi per il pollo
- 1 tazza di salsa BBQ commerciale a vostra scelta

Indicazioni:
- Mettere tutti gli ingredienti in una ciotola tranne la salsa BBQ. Massaggiare le ali di pollo in modo che siano ricoperti dalla salsa marinata.
- Mettere in frigo a marinare per almeno 4 ore.
- Accendere la griglia a 175°C. Usare il pellet all'acero (se è a vostra disposizione). Chiudere il coperchio della griglia e preriscaldare per 15 minuti.
- Mettere le ali sulla griglia e cuocere per 12 minuti su ogni lato con il coperchio chiuso.
- Una volta che le ali di pollo sono pronte, mettetele in una ciotola pulita.
- Versare la salsa BBQ e mescolare per ricoprire le ali di salsa.

Nutrizione:

Calorie: 230   Proteine: 37.5g   Carboidrati: 2.2g   Grasso: 7g   Zucchero: 1.3g

Pollo in agrodolce

Preparazione: 20 Minuti   **Cottura**: 35 Minuti   **Porzioni**: 6

Ingredienti:

- 6 tazze di acqua
- 1/3 tazza di sale
- ¼ di tazza di zucchero di canna
- ¼ di tazza di salsa di soia
- 6 petti di pollo, disossati

- 1 tazza di zucchero
- ½ tazza di ketchup
- 1 tazza di aceto di sidro di mele
- 2 cucchiai di salsa di soia
- 1 cucchiaino di aglio in polvere

Indicazioni:

- Mettere l'acqua, il sale, lo zucchero di canna e la salsa di soia in una grande ciotola. Mescolare fino a quando non sono ben combinati. Aggiungere i petti di pollo nella salamoia e lasciare in ammollo per 24 ore in frigorifero.
- Accendere la griglia a 175°C. Chiudere il coperchio della griglia e preriscaldare per 15 minuti.
- Mettere i petti sulla griglia e cuocere per 35 minuti su ogni lato con il coperchio chiuso. Girate il pollo a metà del tempo di cottura.
- Nel frattempo, mettete i restanti ingredienti in una ciotola e mescolate fino a combinarli.
- Dieci minuti prima che i petti di pollo siano cotti, spennellare con la salsa.
- Servire immediatamente.

Nutrizione:

Calorie: 675   Proteine: 61.5g   Carboidrati: 35.8g   Grasso: 29.7g   Zucchero: 32.7g

Pollo strofinato al Cile e Calce

Preparazione: 30 Minuti   **Cottura**: 40 Minuti   **Porzioni**: 6

Ingredienti:

- 3 cucchiai di peperoncino in polvere
- 2 cucchiai di olio extravergine d'oliva
- 2 cucchiaini di scorza di lime
- 3 cucchiai di succo di lime
- 1 cucchiaio di aglio tritato
- 1 cucchiaino di coriandolo macinato

- 1 cucchiaino di cumino macinato
- 1 cucchiaino di origano secco
- 1 ½ cucchiaino di sale
- 1 cucchiaino di pepe nero macinato
- Un pizzico di cannella
- 1 pollo disossato

Indicazioni:

- In una ciotola, mettere la polvere di peperoncino, l'olio d'oliva, la scorza di lime, il succo, l'aglio, il coriandolo, il cumino, l'origano, il sale, il pepe, la cannella. Mescolare per formare una pasta.
- Mettere il pollo con il lato tagliato verso il basso su un tagliere e appiattirlo usando il

batticarne. Con attenzione, rompere lo sterno per appiattire il pollo.

- Strofinare generosamente le spezie su tutto il pollo e assicurarsi di massaggiare il pollo con la miscela di spezie. Mettete in una teglia e mettete in frigo per 24 ore.
- Quando si è pronti a cucinare, accendere il Grill a 200°C. Chiudere il coperchio della griglia e preriscaldare per 15 minuti.
- Mettere il pollo con lo sterno verso il basso sulla griglia e cuocere per 40 minuti o fino a quando un termometro inserito nella parte più spessa segna 75°C.
- Assicurati di girare il pollo a metà del tempo di cottura.
- Una volta cotto, trasferire su un piatto e lasciare riposare prima di tagliarlo.

Nutrizione:

Calorie: 213   Proteine: 33.1g   Carboidrati: 3.8g   Grasso: 7g   Zucchero: 0.5g

Pollo affumicato con glassa BBQ all'albicocca

Preparazione: 20 Minuti   **Cottura**: 30 Minuti   **Porzioni**: 6

Ingredienti:
- 2 polli interi, dimezzati
- 4 cucchiai di aromi per il pollo
- 1 tazza di salsa BBQ americana all'albicocca fatta in casa (trager apricot bbq sauce)

Indicazioni:
- Massaggiare il pollo con gli aromi per il pollo. Lasciare marinare per 2 ore in frigorifero.
- Quando si è pronti a cucinare, accendere il Grill a 175°C. Chiudere il coperchio della griglia e preriscaldare per 15 minuti.
- Mettere il pollo sulla griglia e grigliare per 15 minuti su ogni lato. Imbastire il pollo con la glassa BBQ all'albicocca.
- Una volta cotti, lasciate riposare per 10 minuti prima di affettarli.

Nutrizione:

Calorie: 304   Proteine: 49g   Carboidrati: 10.2g   Grasso: 6.5g   Zucchero: 8.7g

Pollo marinato al limone, rosmarino e birra

Preparazione: 20 Minuti   **Cottura**: 35 Minuti   **Porzioni**: 6

Ingredienti:

- 1 pollo intero
- 1 limone, sbucciato e spremuto
- 1 cucchiaino di sale
- 1 cucchiaino di pepe nero macinato
- 1 cucchiaino di rosmarino, tritato
- Birra da 355 ml

Indicazioni:

- Mettete tutti gli ingredienti in una ciotola e lasciate marinare il pollo per almeno 12 ore in frigorifero.
- Quando si è pronti a cucinare, accendere il Grill a 175°C. Chiudere il coperchio della griglia e preriscaldare per 15 minuti.
- Mettere il pollo sulla griglia e cuocere per 55 minuti.
- Cuocere finché la temperatura interna non raggiunge i 75°C.
- Togliere il pollo e lasciarlo riposare prima di tagliarlo.

Nutrizione:

Calorie: 288   Proteine: 36.1g   Carboidrati: 4.4g   Grasso: 13.1g   Zucchero: 0.7g

Pollo disossato caldo e dolce

Preparazione: 30 Minuti   **Cottura**: 55 Minuti   **Porzioni**: 8

Ingredienti:

- 1 pollo intero disossato
- ¼ di tazza di aromi per il pollo
- 2 cucchiai di olio d'oliva
- ½ tazza di salsa BBQ

Indicazioni:

- Mettere il pollo con lo sterno verso il basso su una superficie piana e premere lo sterno per romperlo e appiattire il pollo. Cospargere con gli aromi tutto il pollo e massaggiare fino a quando risulterà ben condito. Lasciare riposare il pollo in frigorifero per almeno 12 ore.
- Quando si è pronti a cucinare, accendere il Grill a 175°C. Chiudere il coperchio della griglia e preriscaldare per 15 minuti.
- Prima di cucinare il pollo, ungerlo con l'olio. Mettere sulla griglia e cuocere su entrambi i lati per 55 minuti.
- 20 minuti prima del tempo di cottura, imbastire il pollo con la salsa bbq.
- Continuare la cottura fino a quando un termometro da carne inserito nella parte più spessa del pollo segnarà 75°C
- Lasciate riposare prima di tagliare il pollo.

Nutrizione:

Calorie: 200   Proteine: 30.6g   Carboidrati: 1.1   Grasso: 7.4g   Zucchero: 0.6g

Pollo arrosto con patate al peperoncino

Preparazione: 20 Minuti   **Cottura**: 1 Ora   **Porzioni**: 16

Ingredienti:
- 2 polli interi
- 6 spicchi d'aglio, tritato
- 2 cucchiai di sale
- 3 cucchiai di paprika affumicata
- 3 cucchiai di olio extravergine d'oliva
- 2 mazzl di timo fresco
- 1 kg di patate

Indicazioni:
- Condire il pollo intero con aglio, sale, paprika, olio d'oliva e timo. Massaggiare il pollo per ricoprire tutta la superficie con le spezie. Legare le gambe con uno spago. Mettere in una teglia e mettere le patate di lato. Condire le patate con sale e olio d'oliva.
- Lasciare riposare il pollo in frigorifero per 4 ore.
- Quando si è pronti a cucinare, accendere il Grill a 100°C. Chiudere il coperchio della griglia e preriscaldare per 15 minuti.
- Mettere il pollo e le patate nella griglia e cuocere per 1 ora fino a quando un termometro inserito nella parte più spessa del pollo ne esce pulito.
- Togliere dalla griglia e lasciare riposare prima di tagliare.

Nutrizione:

Calorie: 210   Proteine: 26.1g   Carboidrati: 15.3g   Grasso: 4.4g   Zucchero: 0.7g

Pollo affumicato al gusto d'acero

Preparazione: 30 Minuti   **Cottura**: 6 Ore   **Porzioni**: 1

Ingredienti:
- Petto di pollo disossato (2 kg circa)
- 1 cucchiaio di polvere di peperoncino affumicato
- Per condire
- 1 ½ cucchiaino di sale
- 2 cucchiai di aglio in polvere

- 2 cucchiai di cipolla in polvere
- 1 cucchiaino di pepe
- ½ tazza di sciroppo d'acero

Indicazioni:

- Preriscaldare un affumicatore a 105°C con carbone di legna e trucioli d'acero.
- Mettere il peperoncino, il sale, l'aglio in polvere, la cipolla in polvere e il pepe in una ciotola e mescolare per combinare.
- Strofinare il pollo con la miscela di spezie e metterlo sulla griglia dell'affumicatore.
- Affumicare il pollo per 4 ore e spennellare con lo sciroppo d'acero una volta ogni ora.
- Quando la temperatura interna ha raggiunto i 70°C togliere il petto di pollo affumicato dall'affumicatore e trasferirlo su un piatto da portata.
- Servire e gustare subito.

Nutrizione:

Calorie: 313   Proteine: 19g   Carboidrati: 27g   Grasso: 6.7g   Zucchero: 24.2g

Pollo dolce affumicato all'aroma di tè nero

Preparazione: 30 Minuti   **Cottura**: 10 Ore   **Porzioni**: 1

Ingredienti:

- Petto di pollo (2-3 kg)
- Aromi per il pollo
- ¼ di tazza di sale
- 2 cucchiai di polvere di peperoncino
- 2 cucchiai di spezie cinesi
- 1 ½ tazze di zucchero di canna
- 2 tazze di tè nero

Indicazioni:

- Mettere il sale, il peperoncino in polvere, le spezie cinesi e lo zucchero di canna in una ciotola e mescolare.
- Strofinare il petto di pollo con la miscela di spezie e lasciare marinare per una notte. Conservare in frigorifero per mantenerlo fresco.
- Al mattino, preriscaldare un affumicatore a 100°C con carbone e trucioli di legno di noce. Preparare il calore indiretto.
- Versare il tè nero in una padella di alluminio usa e getta e metterla nell'affumicatore.
- Togliere il pollo dal frigorifero e scongelarlo in attesa dell'affumicatore.
- Una volta che l'affumicatore ha raggiunto la temperatura desiderata, mettere il pollo sulla rastrelliera dell'affumicatore.
- Affumicare il petto di pollo per 2 ore poi controllare se la temperatura interna ha

raggiunto i 70°C.

- Togliete il petto di pollo affumicato dall'affumicatore e trasferitelo in un piatto da portata.
- Servire e gustare immediatamente.

Nutrizione:

Calorie: 313   Proteine: 19g   Carboidrati: 2.4g   Grasso: 7.3g   Zucchero: 1.8g

Pollo dolce affumicato al limone e zenzero

Preparazione: 30 Minuti   **Cottura**: 6 Ore   **Porzioni**: 4

Ingredienti:
- Un pollo intero (1,8 kg circa)
- ¼ di tazza di olio d'oliva
- Aromi per il pollo
- ¼ di tazza di sale
- 2 cucchiai di pepe
- ¼ di tazza Aglio in polvere
- Zenzero fresco
- 8 bastoncini di cannella
- ½ tazza di limone affettato
- 6 spicchi d'aglio

Indicazioni:
- Preriscaldare un affumicatore a 100°C.
- Strofinare il pollo con sale, pepe e aglio in polvere e metterlo da parte.
- Riempire le cavità del pollo con lo zenzero, i bastoncini di cannella, i chiodi di garofano e il limone a fette, poi spennellare l'olio d'oliva su tutto il pollo.
- Quando l'affumicatore è pronto, mettere il pollo intero sulla rastrelliera dell'affumicatore.
- Affumicare il pollo intero per 4 ore poi controllare se la temperatura interna ha raggiunto i 70°C
- Quando il pollo è fatto, togliere il pollo affumicato dall'affumicatore e lasciarlo riscaldare per qualche minuto.
- Servire e gustare subito o tagliare a fette.

Nutrizione:

Calorie: 431   Proteine: 19g   Carboidrati: 27g   Grasso: 7.3g   Zucchero: 1.8g

Ali di pollo piccanti

Preparazione: AA   **Cottura**: aa   **Porzioni**: aa

Ingredienti:

- 1 kg e mezzo di ali di pollo
- 2 cucchiai di olio vegetale
- 1 cucchiaino di cipolla in polvere
- 1 cucchiaio di paprika
- 1 cucchiaino di semi di sedano
- 1 cucchiaino di sale

- 1 cucchiaino di pepe di Caienna
- 1 cucchiaino di pepe nero appena macinato
- 1 cucchiaino di aglio granulato
- 2 cucchiai di zucchero di canna:

Per la salsa:

- 2-4 jalapeno poppers tagliati sottili a croce
- 2 cucchiai di burro; non salato

- ½ tazza di salsa piccante
- ½ tazza di foglie di coriandolo

Indicazioni:

- Prendete le ali di pollo, tagliate le punte e scartatele.
- Ora tagliate ciascuna delle ali in due pezzi separati attraverso la giuntura.
- Spostare il tutto in una grande ciotola e versarvi sopra l'olio.
- Per il condimento: prendete una ciotola di piccole dimensioni e aggiungete lo zucchero, il pepe nero, la paprika, la polvere di cipolla, il sale, i semi di sedano, la cayenna e l'aglio granulare.
- Ora cospargete questa miscela sul pollo e gettatela delicatamente per ricoprire bene le ali.
- Mettete l'affumicatore a preriscaldare mettendo la temperatura a 175°C.
- Grigliare le ali per circa 40 minuti o fino a quando la pelle diventa dorata e si sente che è cotta. Assicuratevi di girarle una volta quando siete a metà strada.
- Per la salsa: Prendere una piccola casseruola e sciogliere il burro tenendo la fiamma a fuoco medio-basso. Ora aggiungete i jalapenos e cuocete per 3 minuti, mescolate il con la salsa piccante.
- Ora, versate questa salsa appena fatta sulle ali e saltatele per ricoprirle bene.
- Servire e gustare.

Nutrizione:

Calorie: 521   Proteine: 19g   Carboidrati: 27g   Grasso: 17.6g   Zucchero: 21.1g

Cosce di pollo alla bufala

Preparazione: 30 Minuti   **Cottura**: 6 Ore   **Porzioni**: 2

Ingredienti:

- 4-6 cosce di pollo senza pelle e disossate
- 4 cucchiai di burro
- 1 tazza di salsa BBQ
- Crumble di formaggio gorgonzola
- Condimento ranch fatto in casa

Indicazioni:

- Impostare la griglia per preriscaldare mantenendo la temperatura a 230°C e tenendo il coperchio chiuso.
- Ora condite le cosce di pollo con il condimento per il pollo e poi mettetele sulla griglia.
- Cuocetelo per 8-10 minuti assicurandovi di girarlo una volta a metà cottura.
- Ora prendete una piccola casseruola e cuocete la salsa insieme al burro mantenendo la fiamma a fuoco medio. Assicuratevi di mescolare bene per evitare la formazione di grumi.
- Ora prendete il pollo cotto e immergetelo nella salsa e nella miscela di burro. Assicuratevi di ricoprire entrambi i lati in modo uniforme.
- Portate le cosce di pollo che sono state insaporite sulla griglia e cuocete per altri 15 minuti. Fallo finché la temperatura interna non raggiunge gli 80°C.
- Cospargete il gorgonzola e versate la salsa ranch.
- Servire e gustare.

Nutrizione:

Calorie: 521   Proteine: 19g   Carboidrati: 29g   Grasso: 17.6g   Zucchero: 21.1g

Bacchette di pollo in agrodolce

Preparazione: 30 Minuti   **Cottura**: 2 Ore   **Porzioni**: 2

Ingredienti:

- 8 pezzi di bacchette di pollo
- 2 cucchiai di aceto di vino di riso
- 3 cucchiai di zucchero di canna:
- 1 tazza di ketchup
- ¼ di tazza di salsa di soia
- Aglio tritato
- 2 cucchiai di miele
- 1 cucchiaio di strofinamento di calore dolce
- Zenzero tritato
- ½ limone, spremuto
- ½ lime, spremuto

Indicazioni:

- Prendete una ciotola e aggiungete la salsa di soia con lo zucchero di canna, il ketchup, il limone, l'aceto di vino di riso, il rub dolce, il miele, lo zenzero e l'aglio.
- Ora conservate metà del composto per la salsa di immersione e quindi mettetelo da parte.
- Prendete la metà rimasta e versatela in un sacchetto di plastica che può essere richiuso.
- Ora aggiungete le bacchette ad esso e poi sigillate di nuovo il sacchetto.
- Mettere in frigo da 4 a 12 ore.
- Togliere il pollo dal sacchetto e scartare la marinata.
- Accendere la griglia e impostare la temperatura a 105°C.
- Affumicate il pollo a fuoco indiretto per 2 o 3 ore e assicurati di girarlo una o due volte.
- Aggiungere altra glassa se necessario.
- Toglietelo dalla griglia e lasciatelo da parte per 10 minuti.
- Aggiungete altra salsa o tenetela come salsa da intingere.
- Servire e gustare.

Nutrizione:

Calorie: 325   Proteine: 19g   Carboidrati: 29g   Grasso: 14.6g   Zucchero: 18.3g

Tacos di pollo brasato alla birra con salsa di Jalapenos

Preparazione: 30 Minuti   **Cottura**: 3 Ore   **Porzioni**: 2

Ingredienti:
- Per il pollo brasato
- 1 kg di cosce di pollo; senza pelle e senza ossa
- ½ cipolla tagliata a dadini piccoli
- 1 jalapeno senza semi e tritato
- 1 lattina di birra da circa 300 ml
- 1 cucchiaio di olio d'oliva
- 1 latta di salsa di peperoni piccanti
- 1 spicchio d'aglio tritato
- 1 cucchiaino di peperoncino in polvere
- 1 cucchiaino di aglio in polvere
- 1 cucchiaino di sale
- 1 cucchiaino di pepe nero
- Succo di 2 lime
- Per i tacos
- 8-12 tortillas
- Salsa piccante
- coriandolo
- Formaggio messicano

Per la salsa di jalapeno:
- ¼ di tazza di cipolla rossa tagliata finemente
- 3 jalapenos con semi e tagliati a dadini
- 1 spicchio d'aglio tritato
- 1⁄3 tazza di acqua

- 1 cucchiaio di zucchero:
- 2/3 tazza di aceto di vino bianco
- 1 cucchiaio di sale
- 2 tazze di cavolo rosso, tagliuzzato

- ½ tazza di aceto di vino bianco
- 1 cucchiaio di zucchero
- 1 cucchiaio di sale

Indicazioni:

- Per la salsa di jalapeno: prendere tutti gli ingredienti e mescolarli in un piatto e poi tenerlo da parte per essere usato.
- Per il cavolo marinato: prendere un altro piatto e mescolare tutti i rispettivi ingredienti e tenerlo da parte
- Ora, trasferite sia il condimento che il cavolo sottaceto nel vostro frigorifero e lasciate riposare per un paio d'ore o anche durante la notte se lo desiderate.
- Prendere le cosce di pollo e condirle con una quantità adeguata di sale e pepe
- Scaldare 1 cucchiaio di olio d'oliva e mettete le cosce di pollo con la pelle verso il basso e fatele rosolare
- Toglieteli dal fuoco e metteteli da parte
- Ora, aggiungere 1 cucchiaio di burro e mantenere la fiamma a medio-alta
- Quando il burro si è sciolto, aggiungere il jalapeno insieme alla cipolla e soffriggerlo per 3-5 minuti fino a quando diventano traslucidi
- Aggiungere l'aglio tritato e soffriggerlo per altri 30 secondi
- Ora aggiungete la salsa adobo insieme al succo di lime, al peperoncino in polvere e al chile chipotle.
- Aggiungere le cosce di pollo nel forno e versare la birra
- Ora, impostate la griglia per preriscaldarla mantenendo la temperatura a 175°C
- Mettere il forno sulla griglia e lasciarlo brasare per 30 minuti
- Togliere il pollo dal liquido di brasatura e sminuzzarlo lentamente
- Per i tacos: mettere la parte tagliata del pollo sulle tortillas. Aggiungere la salsa di jalapeno, il coriandolo, il cavolo e il formaggio messicano e versare la salsa piccante.
- Servire e gustare

Nutrizione:

Calorie: 812   Proteine: 29g   Carboidrati: 79g   Grasso: 27.6g   Zucchero: 21.1g

Ali di pollo affumicate Teriyaki con condimento al sesamo

Preparazione: 30 Minuti   **Cottura**: 4 Ore   **Porzioni**: aa

Ingredienti:

- Ali di pollo
- Per la glassa teriyaki fatta in casa:
- 2/3 tazza di mirin (vino bianco e miele)
- 2 cucchiai di zenzero tritato
- 3 cucchiai di amido di mais
- 2 cucchiai di aceto di riso
- 1 tazza di salsa di soia
- 1/3 tazza di zucchero di canna:
- 8 spicchi d'aglio tritati
- 2 cucchiai di olio di sesamo
- 3 cucchiai di acqua

- Per il condimento cremoso al sesamo:
- 1 cipolla verde, tritata
- ½ tazza di maionese
- ¼ di tazza di aceto di vino di riso
- 1 cucchiaino di aglio macinato
- 1 cucchiaio di salsa di soia
- 2 cucchiai di olio di sesamo
- ½ cucchiaino di zenzero macinato
- 1 cucchiaino di siracha
- 2 cucchiai di sciroppo d'acero
- Sale e pepe a piacere

Indicazioni:

- Usare pellet leggero per ottenere il sapore di affumicato
- Impostare il grill in modalità fumo mantenendo la temperatura a 105°C
- Condire le ali di pollo con sale marino e pepe nero
- Affumicarle per quasi 45 minuti
- Per la glassa teriyaki: tritare sia l'aglio che lo zenzero usando un cucchiaio di olio di sesamo
- Poi mescolare tutti gli ingredienti tranne l'amido di mais e l'acqua
- Prendere una padella e far bollire l'amido di mais e l'acqua a fuoco basso
- Far sobbollire per 15 minuti e poi, quando è pronto, frullarlo con un frullatore a immersione
- Ora aggiungete l'amido di mais e l'acqua e mescolate fino a che non si sia mescolato bene
- Aggiungere questa miscela alla glassa teriyaki e mescolare bene fino a quando si addensa. Mettere da parte
- Per il condimento cremoso: prendere un frullatore e frullare bene tutti gli ingredienti fino ad ottenere un composto liscio
- Impostare la griglia per la grigliatura a fiamma diretta e impostare una temeperatura media
- Grigliare le ali per circa 10 minuti
- La temperatura interna dovrebbe raggiungere i 75°C quando si tolgono le ali dalla griglia
- Passateli nella glassa quando sono pronti
- Cospargere con i semi di sesamo insieme alla cipolla verde
- Servire caldo e piccante

Nutrizione:

Calorie: 812   Proteine: 29g   Carboidrati: 79g   Grasso: 27.6g   Zucchero: 21.1g

Pollo speziato al limone

Preparazione: 30 Minuti   **Cottura**: 5 Ora   **Porzioni**: 2

Ingredienti:
- 1 pollo intero
- 4 spicchi d'aglio tritati
- Zest di 2 limoni freschi
- 1 cucchiaio di olio d'oliva
- 1 cucchiaio di paprika affumicata
- 1 ½ cucchiaino di sale
- ½ cucchiaino di pepe nero
- ½ cucchiaino di origano secco
- 1 cucchiaio di cumino macinato

Indicazioni:
- Preriscaldare la griglia spingendo la temperatura a 185°C
- Prendere il pollo e disossarlo tagliandolo su entrambi i lati dalla spina dorsale alla coda passando per il collo
- Prendete tutti gli ingredienti avanzati in una ciotola, tranne ½ cucchiaino di sale, e schiacciateli.
- Distribuire questo composto in modo uniforme sul pollo assicurandosi che penetri proprio sotto la pelle
- Ora mettete il pollo sulle griglie e lasciatelo cuocere per un'ora finché la temperatura interna non raggiunge i 75°C
- Lasciare riposare per 10 minuti
- Servire e gustare

Nutrizione:

Calorie: 812   Proteine: 29g   Carboidrati: 39g   Grasso: 15.6g   Zucchero: 29.4g

Pollo alla griglia

Preparazione: 10 Minuti   **Cottura**: 30 Minuti   **Porzioni**: 8

Ingredienti:
- Pollo intero (2 kg circa)
- Miscela per condire pollo alla griglia

Indicazioni:

- Preriscaldare la griglia elettrica con l'opzione 'fumo' per 5 minuti.
- Preriscaldare altri 10 minuti e mantenere la temperatura alta fino a raggiungere i 230°C.
- Usare lo spago da cucina per legare insieme le zampe del pollo.
- Tieni il lato del petto in alto quando metti il pollo nella griglia.
- Grigliare per 60 minuti. Non aprire la griglia durante questo processo.
- Controlla la temperatura del tuo pollo alla griglia. Assicuratevi che sia di 75°C circa. In caso contrario, lasciate il pollo più a lungo.
- Togliere delicatamente il pollo dalla griglia.
- Mettere da parte per 15 minuti.
- Tagliare e servire.

Nutrizione:

Calorie: 302   Proteine: 107g   Carboidrati: 0g   Grasso: 0g   Zucchero: 0g

Quarto di coscia di pollo affumicato

Preparazione: 10 Minuti   **Cottura**: 30 Minuti   **Porzioni**: 8

Ingredienti:

- 4 quarti di coscia di pollo
- 3 cucchiai di miscela di spezie per pollo
- 1 cucchiaio di olio d'oliva
- Sale

Indicazioni:

- Lavare e asciugare le cosce di pollo.
- Aggiungere un po' di olio d'oliva. Cospargere il mix di spezie su tutto il pollo.
- Mettere da parte per 20 minuti.
- Preriscaldare la griglia su "fumo" per 10-15 minuti.
- Mettere il pollo sulla griglia con la pelle verso l'alto per fumare per 1 ora.
- Aumentare il calore a 175°C e cuocere per altri 30-60 minuti, a seconda della dimensione dei pezzi e del numero di cosce di pollo
- Al termine, servite un quarto di gamba con una salsa di contorno a vostra scelta.

Nutrizione:

Calorie: 212   Proteine: 17g   Carboidrati: 1.5g   Grasso: 21g   Zucchero: 0.5g

Spiedini di pollo alla griglia

Preparazione: 10 Minuti   **Cottura**: 40 Minuti   **Porzioni**: aa

Ingredienti:
- Per la marinata
- ½ tazza di olio d'oliva
- 1 cucchiaio di limone, spremuto
- 2 cucchiai di aceto bianco
- 1 ½ cucchiaio di sale
- 1 cucchiaio di aglio tritato
- 1 ½ cucchiaio di timo fresco
- 2 cucchiai di prezzemolo italiano fresco
- 2 cucchiai di erba cipollina fresca
- ½ cucchiaio di pepe macinato
- Peperoni arancioni, gialli e rossi
- 1 ½ Petti di pollo, senza osso e senza pelle
- 10-12 funghi di medie dimensioni di vostra scelta

Indicazioni:
- Mescolare tutti gli ingredienti per la marinata.
- Aggiungere il pollo e i funghi alla marinata e metterli in frigorifero.
- Preriscaldate la vostra griglia a 220°C.
- Togliere il pollo marinato dal frigorifero e metterlo sulla griglia.
- Grigliare gli spiedini su un lato per 6 minuti. Capovolgere per grigliare sull'altro lato.
- Servire con un contorno a scelta.

Nutrizione:

Calorie: 212   Proteine: 17g   Carboidrati: 1.5g   Grasso: 21g   Zucchero: 0.5g

Fajitas di pollo

Preparazione: 10 Minuti   **Cottura**: 40 Minuti   **Porzioni**: 2

Ingredienti:
- 900 gr di petto di pollo, tagliato a fette sottili
- 1 peperone rosso grande
- 1 cipolla grande
- 1 peperone giallo grande
- 2 cucchiai di olio
- ½ cucchiaio di cipolla in polvere
- ½ cucchiaio di aglio granulato

- 1 cucchiaio di sale

Indicazioni:

- Preriscaldare la griglia a 220°C.
- Mescolare i condimenti e l'olio.
- Aggiungere le fette di pollo alla miscela.
- Foderare una grande padella con una teglia antiaderente.
- Lasciate riscaldare la padella per 10 minuti.
- Mettere il pollo, i peperoni e le altre verdure sulla griglia.
- Grigliate per 10 minuti o fino a quando il pollo è cotto.
- Toglietelo dalla griglia e servitelo con tortillas calde e verdure.

Nutrizione:

Calorie: 179   Proteine: 17g   Carboidrati: 5g   Grasso: 6g   Zucchero: 3.5g

Ali di pollo

Preparazione: 10 Minuti   **Cottura**: 50 Minuti   **Porzioni**: 4

Ingredienti:

- 3-4 kg di ali di pollo
- 1⁄3 tazza di olio di canola
- 1 cucchiaio di miscela di condimento per barbeque

Indicazioni:

- Unire i condimenti e l'olio in una grande ciotola.
- Mettere le ali di pollo nella ciotola e mescolare bene.
- Gira il tuo traeger sull'impostazione "fumo" e lascialo acceso per 4-5 minuti.
- Impostare il fuoco a 175°C e lasciarlo preriscaldare per 15 minuti con il coperchio chiuso.
- Mettere le ali sulla griglia con abbastanza spazio tra i pezzi.
- Lasciate cuocere per 45 minuti o fino a quando la pelle appare croccante.
- Togliete dalla griglia e servite con la vostra scelta di contorni.

Nutrizione:

Calorie: 216   Proteine: 33g   Carboidrati: 5g   Grasso: 6g   Zucchero: 3.5g

Pollo affumicato della Cornovaglia sulla griglia

Preparazione: 10 Minuti   **Cottura**: 50 Minuti   **Porzioni**: 4

Ingredienti:

- 6 galline della Cornovaglia
- 2-3 cucchiai di olio di canola o

- avocado
- 6 cucchiai di miscela di spezie

Indicazioni:

- Preriscaldate la vostra griglia traeger a 135°C.
- Strofinare la gallina intera con olio e il mix di spezie. Usare entrambi questi ingredienti liberamente.
- Mettere la zona del petto della gallina sulla griglia e fumare per 30 minuti.
- Capovolgere la gallina in modo che il lato del petto sia rivolto verso l'alto. Aumentare la temperatura a 400°F.
- Cuocere finché la temperatura non scende a 75°C.
- Tiralo fuori e lascialo per 10 minuti.
- Servire caldo con un contorno a scelta.

Nutrizione:

Calorie: 216   Proteine: 57g   Carboidrati: 5g   Grasso: 50g   Zucchero: 2g

Ali di pollo affumicate calde e piccanti

Preparazione: 10 Minuti   **Cottura**: 50 Minuti   **Porzioni**: 4

Ingredienti:

- Ali di pollo (2.7 kgs)
- 3 cucchiai di olio d'oliva
- 2 ½ cucchiai di peperoncino in polvere
- 3 cucchiai di paprika affumicata

- ½ cucchiaino di cumino
- 2 cucchiai di aglio in polvere
- 1 ¾ cucchiaino di sale
- 1 cucchiaio di pepe
- 2 cucchiaini di Caienna

Indicazioni:

- Dividere ogni ala di pollo in due e metterla in una ciotola. Mettere da parte.
- Unire l'olio d'oliva con la polvere di peperoncino, la paprika affumicata, il cumino, l'aglio in polvere, il sale, il pepe e la cayenna e mescolare bene.
- Strofinare le ali di pollo con la miscela di spezie e lasciarle riposare per circa un'ora.
- Nel frattempo, preriscaldare un affumicatore a 105°C con carbone e trucioli di legno di

noce. Preparare il calore indiretto.

- Quando l'affumicatore è pronto, disponi le ali di pollo speziate sulla griglia dell'affumicatore.
- Affumicare le ali di pollo per 2 ore o fino a quando la temperatura interna delle ali di pollo ha raggiunto i 70°C.
- Prendete le ali di pollo affumicate dall'affumicatore e trasferitele in un piatto da portata.
- Servire e gustare immediatamente.

Nutrizione:

Calorie: 216   Proteine: 19g   Carboidrati: 25g   Grasso: 50g   Zucchero: 18g

Pollo al limone

Preparazione: 12 Minuti   **Cottura**: 15 Minuti   **Porzioni**: 4

Ingredienti:
- 1 petto di pollo
- 1 cucchiaio di olio
- 1 cucchiaio di condimento al limone

Indicazioni:
- Preriscalda il tuo Traeger a 200°C.
- Spennellare il petto di pollo con l'olio, poi cospargere il condimento al limone e il sale.
- Mettere il petto di pollo sulla griglia e cuocere per 7 minuti su ogni lato o fino a quando la temperatura interna raggiunge i 75°C.
- Servire quando è caldo e gustare.

Nutrizione:

Calorie: 131   Proteine: 19g   Carboidrati: 25g   Grasso: 5g   Zucchero: 18g

Bocconcini di pollo con peperoni e cipolle

Preparazione: 10 Minuti   **Cottura**: 10 Minuti   **Porzioni**: 10

Ingredienti:

- 900 gr di petto di pollo
- 1 cipolla, affettata
- 1 peperone rosso, con i semi e affettato
- 1 peperone rosso-arancione, con i semi e affettato
- 1 cucchiaio di sale
- ½ cucchiaio di polvere di cipolla
- ½ cucchiaio di aglio granulato
- 2 cucchiai di condimento speziato
- 2 cucchiai di olio

Indicazioni:

- Preriscaldare il grill a 220°C e foderare una teglia con carta da forno.
- In una terrina, combinare i condimenti e l'olio, poi mescolare con i peperoni e il pollo.
- Mettere la teglia nel Traeger e lasciare riscaldare per 10 minuti con il coperchio chiuso.
- Aprire il coperchio e mettere le verdure e il pollo in un unico strato. Chiudere il coperchio e cuocere per 10 minuti o finché il pollo non è più rosa.
- Servire con le tortillas calde e con i tuoi condimenti preferiti.

Nutrizione:

Calorie: 211   Proteine: 29g   Carboidrati: 6g   Grasso: 6g   Zucchero: 4g

Pollo al miso

Preparazione: 15 Minuti   **Cottura**: 25 Minuti   **Porzioni**: 6

Ingredienti:

- 900 gr di ali di pollo
- ¾ di tazza di soia
- ½ tazza di succo d'ananas
- 1 cucchiaio di sriracha
- ⅛ tazza di miso
- ⅛ tazza di gochujang
- ½ tazza di acqua
- ½ tazza di olio
- Togarashi

Indicazioni:

- Preriscaldare il Grill a 185°C.
- Unire tutti gli ingredienti tranne il togarashi in un sacchetto richiudibile. Mescolare fino a quando le ali di pollo sono ben rivestite. Mettere in frigo per 12 ore
- Posizionare le ali sulle griglie e chiudere il coperchio. Cuocere per 25 minuti o fino a quando la temperatura interna raggiunge i 75°C
- Togliere le ali dalla griglia e cospargere di Togarashi.

Nutrizione:

Calorie: 703   Proteine: 27g   Carboidrati: 14g   Grasso: 56g   Zucchero: 12g

Pollo all'acero e pancetta

Preparazione: 20 Minuti   **Cottura**: 1 ora e 30 Minuti   **Porzioni**: 7

Ingredienti:

- 4 petti di pollo disossati e senza pelle
- Sale qb
- Pepe fresco
- 12 fette di pancetta, non cotte
- 1 tazza di sciroppo d'acero
- ½ tazza di burro fuso
- 1 cucchiaino di fumo liquido

Indicazioni:

- Preriscaldate il vostro affumicatore a 120°C
- Condire il pollo con pepe e sale
- Avvolgere il petto con 3 fette di pancetta e coprire tutta la superficie
- Fissare la pancetta con degli stuzzicadenti
- Prendete una ciotola di medie dimensioni e mescolate lo sciroppo d'acero, il burro, il fumo liquido e mescolate bene
- Riservare 1/3 di questa miscela per un uso successivo
- Immergere i petti di pollo nella miscela di burro e ricoprirli bene
- Mettete una padella nel vostro affumicatore e trasferite il pollo nel vostro affumicatore
- Affumicatore da 1 a 1 ora e mezza
- Spennellare il pollo con il burro riservato e affumicare per altri 30 minuti fino a quando la temperatura interna raggiunge i 75°C.

Nutrizione:

Calorie: 458   Proteine: 20g   Carboidrati: 65g   Grasso: 20g   Zucchero: 53g

Pollo alla paprika

Preparazione: 20 Minuti   **Cottura**: 2-4 Ore   **Porzioni**: 7

Ingredienti:

- 4-6 petti di pollo
- 4 cucchiai di olio d'oliva
- 2 cucchiai di paprika affumicata
- ½ cucchiaio di sale

- ¼ di cucchiaino di pepe
- 2 cucchiaini di aglio in polvere
- 2 cucchiaini di sale all'aglio
-

- 2 cucchiaini di pepe
- 1 cucchiaino di pepe di Caienna
- 1 cucchiaino di rosmarino

Indicazioni:

- Preriscaldate il vostro affumicatore a 100°C usando il vostro pellet preferito
- Preparare il petto di pollo secondo le forme desiderate e trasferirlo in una teglia unta
- Prendere una ciotola media e aggiungere le spezie, mescolare bene
- Mescolare la miscela di spezie sul pollo e trasferire il pollo nell'affumicatore
- Cuocere per 1-1 ora e mezza
- Girare e cuocere per altri 30 minuti
- Una volta che la temperatura interna raggiunge i 75°C.
- Togliere dall'affumicatore e coprire con un foglio di alluminio
- Lasciare riposare per 15 minuti

Nutrizione:

Calorie: 237   Proteine: 20g   Carboidrati: 14g   Grasso: 6.1g   Zucchero: 11g

Pollo al barbecue dolce e piccante

Preparazione: 30 Minuti   **Cottura**: 2 Ore   **Porzioni**: 5

Ingredienti:

- 1 tazza di salsa chili piccante
- ½ tazza di burro
- ½ tazza di melassa
- ½ tazza di ketchup
- ¼ di tazza di zucchero di canna ben confezionato:

- 1 cucchiaino di sale
- 1 cucchiaino di pepe nero fresco macinato
- 1 pollo intero, tagliato a pezzi
- ½ cucchiaio di foglie di prezzemolo fresco, tritato

Indicazioni:

- Preriscaldate il vostro affumicatore a 120°C
- Prendere una casseruola media e metterla a fuoco basso, mescolare nel burro, la salsa al chili, ketchup, melassa, zucchero di canna, senape, pepe e sale e continuare a mescolare fino a quando lo zucchero: e il sale si dissolve
- Dividere la salsa in due porzioni
- Spennellare la metà del pollo con la salsa e riservare il resto per servire
- Assicuratevi di conservare la salsa per servirla a lato, e conservate l'altra parte per imbastire

- Trasferire il pollo sulla griglia dell'affumicatore e fumare per circa 1 ora e mezza o 2 ore fino a quando la temperatura interna raggiunge i 76°C.
- Cospargere il pollo con il prezzemolo e servire con la salsa Barbecue.

Nutrizione:

Calorie: 148   Proteine: 25g   Carboidrati: 10g   Grasso: 0.6g   Zucchero: 5g

Pollo alla griglia

Preparazione: 10 Minuti   **Cottura**: 1 Ora e 30 Minuti   **Porzioni**: 6

Ingredienti:
- 2,2 kg di pollo intero
- ½ tazza di olio

Indicazioni:
- Preriscaldare il Grill sull'impostazione di fumo con il coperchio aperto per 5 minuti. Chiudete il coperchio e lasciate riscaldare per 15 minuti o finché non raggiunge i 220°C.
- Usare lo spago da cucina per legare insieme le cosce di pollo e poi strofinarle con l'olio. Rivestire il pollo con lo strofinamento e metterlo sulla griglia.
- Grigliate per 60 minuti con il coperchio chiuso o fino a quando non raggiunge una temperatura interna di 75°C.
- Togliere il pollo dal fuoco e lasciare riposare per 15 minuti. Tagliare e servire.

Nutrizione:

Calorie: 935   Proteine: 107g   Carboidrati: 0g   Grasso: 53.6g   Zucchero:05g

Petto di pollo

Preparazione: 10 Minuti   **Cottura**: 15 Minuti   **Porzioni**: 6

Ingredienti:
- 3 petti di pollo
- 1 cucchiaio di olio di avocado
- ¼ di cucchiaio di aglio in polvere
- ¼ di cucchiaio di polvere di cipolla
- ¾ di cucchiaio di sale
- ¼ di cucchiaio di pepe

Indicazioni:

- Preriscaldate il vostro grill a 185°C.
- Tagliare il petto di pollo a metà nel senso della lunghezza e ricoprirlo con olio di avocado.
- Condire con aglio in polvere, cipolla in polvere, sale e pepe.
- Mettere il pollo sulla griglia e cuocere per 7 minuti su ogni lato o fino a quando la temperatura interna raggiunge i 75°C.

Nutrizione:

Calorie: 120   Proteine: 19g   Carboidrati: 0g   Grasso: 6g   Zucchero:05g

Galline della Cornovaglia affumicate Traeger

Preparazione: 10 minuti   **Cottura**: 1 Ora   **Porzioni**: 6

Ingredienti:

- 6 galline della Cornovaglia
- 3 cucchiai di olio di canola
- 6 cucchiai di strofinare

Indicazioni:

- Preriscalda il tuo Grill a 135°C.
- Nel frattempo, strofina le galline con olio di canola..
- Mettere le galline sulla griglia con il lato del petto verso il basso. Affumicare per 30 minuti.
- Girare le galline e aumentare la temperatura del Traeger a 200°C. Cuocere fino a quando la temperatura interna raggiunge i 75°.
- Togliere le galline dalla griglia e lasciare riposare per 10 minuti prima di servire.

Nutrizione:

Calorie: 696   Proteine: 57g   Carboidrati: 0g   Grasso: 0g   Zucchero: 0g

Cosce di pollo alla griglia

Preparazione: 30 Minuti   **Cottura**: 1 Ora e 15 Minuti   **Porzioni**: 8

Ingredienti:

- 12 cosce di pollo
- ½ cucchiaio di sale

- 1 cucchiaio di condimento di bufalo
- 1 tazza di salsa Buffalo

Indicazioni:
- Preriscalda il tuo Grill a 165°.
- Cospargere le cosce di pollo con sale e condimenti e metterle sulla griglia preriscaldata.
- Grigliare per 40 minuti girando due volte durante la cottura.
- Aumentare il calore e cuocere per altri 10 minuti. Spennellare le cosce di pollo e spennellare con la salsa buffalo. Cuocere per altri 10 minuti o fino a quando la temperatura interna raggiunge i 75°C..
- Togliere dal fuoco e spennellare con altra salsa.
- Servire con formaggio gorgonzola, sedano e ranch caldo.

Nutrizione:

Calorie: 956   Proteine: 124g   Carboidrati: 2.2g   Grasso: 47g   Zucchero: 1.7g

Pollo alla griglia con salsa tabasco

Preparazione: 5 minuti   **Cottura**: 20 Minuti   **Porzioni**: 6

Ingredienti:
- 5 petti di pollo, disossati e senza pelle
- 2 cucchiai di strofinamento per barbecue fatto in casa
- 1 tazza di salsa tabasco buffalo fatta in casa

Indicazioni:
- Preriscaldare il Grill a 200°C.
- Tagliare il petto di pollo a strisce nel senso della lunghezza. Condire le fettine con gli aromi per il barbecue.
- Mettere le fette di pollo sulla griglia e spennellare entrambi i lati con la salsa.
- Cuocere per 4 minuti con il coperchio chiuso. Capovolgere i petti, spennellare di nuovo con la salsa e cuocere fino a quando la temperatura interna raggiunge i 75°C.
- Togliere il pollo dal fuoco e servire quando è caldo.

Nutrizione:

Calorie: 176   Proteine: 32g   Carboidrati: 0g   Grasso: 4g   Zucchero: 0g

Ali di pollo affumicate e fritte

Preparazione: 10 minuti   **Cottura**: 2 Ore   **Porzioni**: 4

Ingredienti:
- 1,5 kg di ali di pollo
- 1 cucchiaio di condimento per carni
- La tua salsa preferita

Indicazioni:
- Accendi la griglia
- Rivestire generosamente le ali con il condimento e metterle sulla griglia.
- Affumicateli per 2 ore girandoli almeno una volta durante l'affumicatura.
- Togliere le ali dall'affumicatore e scaldare l'olio.
- Immergere le ali nell'olio caldo e friggere per 5 minuti o fino a quando la pelle sarà croccante e dorata.
- Togliere le ali dall'olio e scolarle. Condite con la vostra salsa preferita e servite.

Nutrizione:

Calorie: 75   Proteine: 39g   Fibra: 1g   Grasso: 55g   Socio 1747mg

Cosce di pollo affumicate

Preparazione: 10 minuti   **Cottura**: 2 ore e 30 minuti   **Porzioni**: 5

Ingredienti:
- 10 bacchette di pollo
- 2 cucchiaini di aglio in polvere
- 1 cucchiaino di sale
- 1 cucchiaino di cipolla in polvere
- ½ cucchiaino di pepe nero macinato
- ½ cucchiaino di pepe di Caienna
- 1 cucchiaio di zucchero di canna
- 1/3 tazza di salsa piccante
- 1 cucchiaino di paprika
- ½ cucchiaino di timo

Indicazioni:
- In una ciotola grande, combinare l'aglio in polvere, lo zucchero, la salsa piccante, la paprika, il timo, il caienna, il sale e il pepe macinato. Aggiungere le bacchette, mescolare per combinare.
- Coprire la ciotola e mettere in frigo per 1 ora.
- Togliere le bacchette dalla salsa marinata e lasciarle riposare per circa 1 ora finché non sono a temperatura ambiente.
- Disporre le bacchette in una rastrelliera.
- Avviate la vostra griglia su fumo, lasciando il coperchio aperto per 5 minuti per l'accensione del fuoco.

- Chiudere il coperchio e preriscaldare la griglia a 120°C.
- Posizionare le bacchette per 2 ore e 30 minuti, o fino a quando la temperatura interna delle bacchette raggiunge gli 80°C
- Togliere le bacchette dal fuoco e lasciarle riposare per qualche minuto.

Nutrizione:

Calorie: 167   Proteine: 25.7g   Carboidrati: 2.6g   Grasso: 5.4g   Zucchero: 1.9g

Quarti di coscia di pollo affumicato

Preparazione: 10 minuti   **Cottura**: 2 ore e 30 minuti   **Porzioni**: 5

Ingredienti:
- 8 quarti di coscia di pollo
- 2 cucchiai di olio d'oliva
- 1 cucchiaino di sale o a piacere
- ½ cucchiaino di peperoncino in polvere
- ½ cucchiaino di paprika
- ½ cucchiaino di timo macinato
- 1 cucchiaino di rosmarino secco
- ½ cucchiaino di pepe di Caienna
- 1 cucchiaino di aglio in polvere
- 1 cucchiaino di cipolla in polvere

Indicazioni:
- Per preparare il condimento combinare cayenna, rosmarino, aglio, cipolla in polvere, peperoncino, paprika, sale, timo.
- Irrorare d'olio i quarti di coscia di pollo e condirli generosamente con il condimento.
- Preriscaldare la griglia a 80°C con il coperchio chiuso per 15 minuti.
- Disporre il pollo sulla griglia. Affumicare per 1 ora, girando a metà cottura.
- Aumentare la temperatura della griglia a 175°C. Cuocere per un'altra ora o fino a quando la temperatura dei quarti di pollo raggiunge i 75°C.
- Togliere il pollo dalla griglia e lasciarlo riposare per circa 15 minuti.

Nutrizione:

Calorie: 34   Proteine: 0.2g   Carboidrati: 0.9g   Grasso: 3.6g   Zucchero: 0.2g

Rotolini di pollo farciti

Preparazione: 10 minuti   **Cottura**: 45 Minuti   **Porzioni**: 6

Ingredienti:

- 900 gr di pollo tagliuzzato
- 1 cucchiaio di olio d'oliva
- ½ cucchiaio di condimento taco
- 1 cucchiaino di sale
- 1 cucchiaino di cipolla in polvere
- 1 cucchiaino di pepe nero macinato
- ½ cucchiaino di aglio in polvere
- 1 cipolla (tagliata a dadini)
- 2 tazze di formaggio messicano tagliuzzato
- 8 grandi tortillas di farina
- 1 tazza di panna acida
- 1 peperoncino verde a dadini
- 2 cucchiai di coriandolo (tritato)

Indicazioni:

- In una grande ciotola, combinare il pollo tagliuzzato, panna acida, cipolla, 1 tazza di formaggio tagliuzzato, peperoncini verdi, cipolla in polvere, condimento taco, pepe, aglio in polvere.
- Versare una quantità uguale di miscela di pollo in ogni tortilla e arrotolare.
- Disporre la tortilla ripiena in una teglia untada 22x33 cm.
- Versare sulle tortillas il restante formaggio. Coprire strettamente la padella con un foglio di alluminio.
- Preriscaldate la vostra griglia a 175°C con il coperchio chiuso per 15 minuti.
- Mettere la padella sulla griglia e cuocere per 30 minuti.
- Scoprire la padella e cuocere per un'altra ora.
- Togliere la padella dal fuoco, lasciare riposare per qualche minuto.
- Tagliare e guarnire con il coriandolo tritato.

Nutrizione:

Calorie: 546   Proteine: 55.2g   Carboidrati: 22.6g   Grasso: 25.3g   Zucchero: 17.6g

Pollo con senape al miele

Preparazione: 15 minuti   **Cottura**: 35 Minuti   **Porzioni**: 4

Ingredienti:

- 4 petti di pollo senza pelle e disossati
- 1 cucchiaio di senape granulosa
- 4 cucchiai di miele
- ½ cucchiaino di aceto bianco
- ½ cucchiaino di paprika
- 2 cucchiai di senape
- 1 cucchiaio + 2 cucchiai di olio
- d'oliva
- 1 cucchiaino di sale
- 1 cucchiaino di pepe nero macinato o a piacere
- 1 cucchiaio di prezzemolo fresco tritato
- 1 cucchiaino di basilico secco

Indicazioni:

- Preriscaldare la griglia a 185°C con il coperchio chiuso per 15 minuti.
- Ungere una teglia con uno spray da cucina antiaderente.
- Condire entrambi i lati dei petti di pollo con pepe e sale.
- Mettere una padella di ghisa sulla griglia e aggiungere 2 cucchiai di olio d'oliva.
- Una volta che l'olio è caldo, aggiungete il petto di pollo condito, saltate fino a quando entrambi i lati dei petti di pollo sono dorati.
- Usare un cucchiaio forato per trasferire il petto di pollo fritto su un piatto foderato di carta assorbente.
- Combinare la senape, il miele, l'aceto, il basilico, la senape granulosa, l'olio rimanente e la paprika in una ciotola. Mescolare fino a quando gli ingredienti sono ben combinati.
- Versare metà della miscela di miele nella teglia preparata, spargerla per coprire il fondo della teglia.
- Disporre il petto di pollo nel piatto e versare la miscela di miele rimanente sul pollo.
- Coprire la teglia con un foglio di alluminio e metterla sulla griglia. Cuocere sulla griglia per circa 20 minuti.
- Togliere il coperchio della pellicola e cuocere, scoperto, per 15 minuti.
- Togliere la teglia dalla griglia e lasciare raffreddare il pollo per qualche minuto.

Nutrizione:

Calorie: 320   Proteine: 33.4g   Carboidrati: 18.5g   Grasso: 12.4g   Zucchero: 12.1g

Pollo affumicato alle erbe

Preparazione: 10 minuti   **Cottura**: 16 Minuti   **Porzioni**: 6

Ingredienti:

- 3 cucchiai di olio d'oliva
- 1 cucchiaino di timo
- 1 cucchiaino di pepe nero macinato o a piacere
- 4 cucchiai di succo di limone appena spremuto
- 1 cucchiaio di scorza di limone
- 1 cucchiaio di prezzemolo fresco tritato
- 1 cucchiaino di sale
- 1 cucchiaio di rosmarino tritato
- 2 cucchiai di coriandolo fresco tritato
- 6 petti di pollo disossati

Indicazioni:

- In una grande ciotola unire il timo, l'olio, il pepe, il succo, la scorza di limone, il prezzemolo, il rosmarino, il coriandolo e il sale. Aggiungere il petto di pollo e mescolare. Coprire la ciotola e mettere in frigo per 1 ora.

- Togliere il petto di pollo dalla marinata e lasciarlo riposare per qualche minuto fino a quando non è a temperatura ambiente.
- Avviare la griglia lasciando il coperchio aperto per 5 minuti o fino a quando il fuoco si accende.
- Chiudere il coperchio e preriscaldare la griglia a 220°C con il coperchio chiuso per 10-15 minuti.
- Disporre i petti di pollo sulla griglia e affumicare per 16 minuti, 8 minuti per lato, o finché la temperatura interna del pollo raggiunge i 75°C.
- Togliere i petti di pollo dalla griglia e lasciarli riposare per qualche minuto.
- Servite e completate con la vostra salsa preferita.

Nutrizione:

Calorie: 207   Proteine: 25.2g   Carboidrati: 1.2g   Grasso: 11.2g   Zucchero: 0.5g

Ali di pollo Tandoori

Preparazione: 20 minuti   **Cottura**: 1 Ora e 20 Minuti   **Porzioni**: 4-6

Ingredienti:

- ¼ di tazza di yogurt
- 1 Scalogno intero, tritato
- 1 cucchiaio di foglie di coriandolo tritate
- 2 cucchiaini di zenzero, tritato
- 1 cucchiaino di Masala
- 1 cucchiaino di sale
- 1 cucchiaino di pepe nero macinato

- 675 gr di ali di pollo
- ¼ di tazza di yogurt
- 2 cucchiai di maionese
- 2 cucchiai di cetriolo
- 2 cucchiai di succo di limone
- ½ cucchiaino di cumino
- ½ cucchiaino di sale
- ⅛ pepe di cayenna

Indicazioni:

- Unire lo yogurt, lo scalogno, lo zenzero, il garam masala, il sale, il coriandolo e gli ingredienti del pepe nel barattolo di un frullatore e lavorare fino ad ottenere un composto omogeneo.
- Mettere il pollo e massaggiare il sacchetto per catturare tutte le ali
- Mettere in frigo da 4 a 8 ore. Rimuovere la marinata in eccesso dalle ali; scartare la marinata
- Impostare la temperatura a 175°C e preriscaldare, con il coperchio chiuso, per 10-15 minuti. Spennellare e oliare la griglia
- Disporre le ali sulla griglia. Cuocere per 45-50 minuti, o fino a quando la pelle risulterà scura e croccante e la carne non sarà più rosa all'osso. Girare una o due volte durante la cottura per evitare che le ali si attacchino alla griglia.

- Nel frattempo, combinare tutti gli ingredienti della salsa, mettere da parte e conservare in frigo fino al momento di servire.
- Quando le ali sono cotte, trasferirle su un piatto. Servire con la salsa allo yogurt.

Nutrizione:

Calorie: 241   Proteine: 12g   Carboidrati: 11g   Grasso: 16g   Zucchero: 7g

Pollo al barbecue Asiatico

Preparazione: 12-24 Ore   **Cottura**: 1 Ore   **Porzioni**: 6

Ingredienti:
- 1 pollo intero
- Salsa bbq asiatica

- 1 ginger ale

Indicazioni:
- Sciacquare il pollo in acqua fredda e asciugarlo con carta assorbente.
- Coprire il pollo dappertutto con la salsa bbq e assicurarsi di farne cadere un po' anche all'interno. Mettere in un grande sacchetto o ciotola, coprire e mettere in frigo per 12-24 ore.
- Quando si è pronti a cucinare, impostare la griglia a 185°C e preriscaldare con il coperchio chiuso per 15 minuti.
- Apri una lattina di ginger ale e bevi qualche sorso. Mettere la lattina di soda su una superficie stabile. Tirate fuori il pollo dal frigorifero e mettetelo sopra la lattina di soda. La base della lattina e le due gambe del pollo dovrebbero formare una sorta di treppiedi per tenere il pollo in piedi.
- Mettete il pollo al centro della vostra griglia calda e cuocete il pollo fino a quando la pelle è dorata e la temperatura interna sarà di circa 75°C su un termometro a lettura istantanea.

Nutrizione:

Calorie: 140   Proteine: 4g   Carboidrati: 18g   Grasso: 4g   Zucchero: 11.2g

Pollo arrostito al fumo

Preparazione: 20 Minuti   **Cottura**: 1 Ora e 30 Minuti   **Porzioni**: 6

Ingredienti:

- 8 cucchiai di burro a temperatura ambiente
- 1 spicchio d'aglio, tritato
- 1 scalogno, tritato

- 2 cucchiai di erbe fresche come timo, rosmarino, salvia o prezzemolo
- Succo di limone
- olio vegetale

Indicazioni:

- In una piccola ciotola da cucina, mescolare lo scalogno, l'aglio, il burro, le erbe fresche tritate, 1½ cucchiaio di aromi e il succo di limone. Mescolare con un cucchiaio.
- Lavare il pollo dentro e fuori con acqua corrente fredda. Asciugare accuratamente con carta assorbente.
- Cospargere una generosa quantità di aromi per pollo all'interno della cavità del pollo.
- Allentare delicatamente la pelle intorno al petto di pollo e far scivolare qualche cucchiaio di burro alle erbe sotto la pelle e coprire.
- Coprire l'esterno con il burro alle erbe rimanente.
- Inserire le ali di pollo dietro la schiena. Legare entrambe le gambe con uno spago da macellaio.
- Spolverare l'esterno del pollo con altro condimento poi inserire rametti di erbe fresche all'interno della cavità del pollo.
- Preriscaldare con il coperchio chiuso per 15 minuti.
- Oliare la griglia con olio vegetale. Spostare il pollo sulla griglia, con il lato del petto verso l'alto e chiudere il coperchio.
- Dopo che il pollo ha cucinato per 1 ora, sollevare il coperchio. Se il pollo si rosola troppo in fretta, coprire il petto e le gambe con un foglio di alluminio.
- Chiudere il coperchio e continuare ad arrostire il pollo finché un termometro a lettura istantanea inserito nella parte più spessa non registra una temperatura di circa 75°C.
- Togliete il pollo dalla griglia e lasciate riposare per 5 minuti. Servire e buon appetito!

Nutrizione:

Calorie: 222   Proteine: 29g   Carboidrati: 11g   Grasso: 4g   Zucchero: 7.1g

Hamburger di pollo asiatico alla griglia

Preparazione: 5 Minuti   Cottura: 50 Minuti   Porzioni: 4-6

Ingredienti:

- 450 gr di pollo macinato
- 1 tazza di pangrattato
- 1 tazza di parmigiano

- 1 piccolo jalapeno, tagliato a dadini
- 2 scalogni interi, tritati
- 2 spicchio d'aglio

- ¼ di tazza di foglie di coriandolo tritate
- 2 cucchiai di maionese
- 2 cucchiai di salsa di peperoncino
- 1 cucchiaio di salsa di soia
- 1 cucchiaio di zenzero, tritato
- 2 cucchiai di succo di limone

- 2 cucchiaini di scorza di limone
- 1 cucchiaino di sale
- 1 cucchiaino di pepe nero macinato
- 8 panini per hamburger
- 1 pomodoro, affettato
- rucola
- 1 cipolla rossa affettata

Indicazioni:

- Allineare una teglia da forno bordata con un foglio di alluminio poi spruzzare con spray da cucina antiaderente.
- In una grande ciotola combinare il pollo, il jalapeno, lo scalogno, l'aglio, il coriandolo, il pangrattato, il parmigiano, la salsa chili, la salsa di soia, lo zenzero, la maionese, il succo e la scorza di limone, il sale e il pepe.
- Lavorare il composto con le dita fino a quando gli ingredienti sono ben combinati. Se il composto sembra troppo umido per formare polpette potete aggiungere altro pangrattato.
- Lavarsi le mani sotto l'acqua corrente fredda, dividere la carne in 8 polpette. Usare i pollici o un cucchiaio, fare una depressione larga e poco profonda nella parte superiore di ogni polpetta.
- Metteteli sulla teglia preparata. Spruzzare le cime con spray da cucina antiaderente. Se non si cucinano subito, coprire con una pellicola di plastica e mettere in frigo.
- Impostare la griglia a 175°C poi preriscaldare per 15 minuti, con il coperchio chiuso.
- Ordina gli hamburger sulla griglia. Rimuovere e scartare la pellicola sulla teglia.
- Grigliare gli hamburger per circa 25-30 minuti, girando una volta, o fino a quando si staccano facilmente dalla griglia quando una spatola di metallo pulita viene infilata sotto di loro. La temperatura interna letta su un termometro da carne a lettura istantanea dovrebbe essere di circa 70°C.
- Spalmare la maionese e disporre una fetta di pomodoro, se si desidera, e alcune foglie di rucola su una metà di ogni panino. Aggiungere l'hamburger grigliato e le cipolle rosse, se usate, quindi coprire con la metà superiore del panino. Servire immediatamente. Gustateli caldi.

Nutrizione:

Calorie: 329   Proteine: 21g   Carboidrati: 10g   Grasso: 23g   Zucchero: 8.1g

Ali di pollo piccanti grigliate

Preparazione: 10 Minuti   **Cottura**: 45 Minuti   **Porzioni**: 4-6

Ingredienti:

- 900 gr di ali di pollo
- Miscela di spezie cajun fatte in casa

Indicazioni:

- Rivestire le ali con la miscela cajun.
- Quando si è pronti a cucinare, impostare la griglia traeger a 175°C e preriscaldare con il coperchio chiuso per 15 minuti.
- Cuocere per 30 minuti fino a quando la pelle sarà marrone e l'interno succoso. Servire, buon appetito!

Nutrizione:

Calorie: 321   Proteine: 21g   Carboidrati: 5g   Grasso: 21g   Zucchero: 2.2g

Pollo alla griglia

Preparazione: 15 Minuti   **Cottura**: 1 Ora e 10 Minuti   **Porzioni**: 4-6

Ingredienti:

- 1 pollo intero (2 kg circa)

Indicazioni:

- Quando si è pronti a cucinare, impostare la temperatura a 185°C poi preriscaldare, chiudere il coperchio per 15 minuti.
- Sciacquare e asciugare il pollo intero. Condire l'intero pollo, compreso l'interno del pollo usando gli aromi per il pollo.
- Mettere il pollo sulla griglia e cuocere per 1 ora e 10 minuti.
- Togliere il pollo dalla griglia quando la temperatura interna del petto raggiunge i 70°C.
- Controllare periodicamente il calore, poiché i tempi di cottura variano in base al peso del pollo.
- Lasciare riposare il pollo fino a quando la temperatura interna del petto raggiunge i 75°C, 15-20 minuti. Buon appetito!

Nutrizione:

Calorie: 212   Proteine: 6.2g   Carboidrati: 42.6g   Grasso: 2.4g   Zucchero: 2.9g

Petto di pollo al limone

Preparazione: 15 Minuti   **Cottura**: 15 Minuti   **Porzioni**: 6

Ingredienti:

- 6 petti di pollo, senza pelle e senza ossa
- ½ tazza di olio
- 1-2 rametti di timo fresco
- 1 cucchiaino di pepe nero macinato
- 2 cucchiaini di sale
- 2 cucchiai di miele
- 1 spicchio d'aglio, tritato
- 1 limone il succo e la scorza
- Per il servizio: Spicchi di limone

Indicazioni:

- In una ciotola unire il timo, il pepe nero, il sale, il miele, l'aglio, la scorza e il succo di limone. Mescolate fino a quando non sono sciolti e combinati. Aggiungere l'olio e sbattere per combinare.
- Pulire i petti e asciugarli. Metterli in un sacchetto di plastica. Versare la marinata pre-fatta e massaggiare per distribuirla uniformemente. Mettere in frigorifero per 4 ore.
- Preriscaldare la griglia a 200°C con il coperchio chiuso.
- Scolare il pollo e grigliare fino a quando la temperatura interna raggiunge i 75°C, circa 15 minuti.
- Servire con spicchi di limone e un contorno a scelta.

Nutrizione:

Calorie: 230   Proteine: 38g   Carboidrati: 1g   Grasso: 7g   Zucchero: 0.5g

Hamburger di pollo affumicato

Preparazione: 20 Minuti   **Cottura**: 1 Ora e 15 Minuti   **Porzioni**: 6

Ingredienti:

- 900 gr di petto di pollo macinato
- 2/3 tazza di cipolle tritate finemente
- 1 cucchiaio di coriandolo, tritato finemente
- 2 cucchiai di prezzemolo fresco, tritato finemente
- 2 cucchiai di olio d'oliva
- ½ cucchiaino di cumino macinato
- 2 cucchiai di succo di limone appena spremuto
- 3/4 cucchiaini di sale e pepe rosso a piacere

Indicazioni:

- In una ciotola, aggiungere tutti gli ingredienti; mescolare fino a quando non sono ben combinati.

- Formare il composto in 6 polpette.
- Avviate la vostra griglia traeger su SMOKE con il coperchio aperto fino a quando il fuoco è stabile. Imposta il calore a 175°C e preriscalda, con il coperchio chiuso, per 10-15 minuti.
- Affumicare gli hamburger di pollo per 45-50 minuti o fino a cottura ultimata, girando ogni 15 minuti.
- I vostri hamburger sono pronti quando la temperatura interna raggiunge i 75°C
- Servire caldo.

Nutrizione:

Calorie: 221   Proteine: 32.5g   Carboidrati: 2.12g   Grasso: 8.5g   Zucchero: 1.1g

Polpette di pollo affumicato

Preparazione: 20 Minuti   **Cottura**: 50 Minuti   **Porzioni**: 6

Ingredienti:

- 900 gr di petto di pollo macinato
- 2/3 tazza di cipolla tritata
- 1 cucchiaio di coriandolo (tritato)
- 2 cucchiai di prezzemolo fresco, tritato finemente
- 2 cucchiai di olio d'oliva
- ⅛ cucchiaino di fiocchi di pepe rosso

schiacciati
- ½ cucchiaino di cumino macinato
- 2 cucchiai di succo di limone fresco
- 3/4 cucchiaini di sale kosher
- 2 cucchiaini di paprika
- Panini da hamburger

Indicazioni:

- In una ciotola combinare tutti gli ingredienti della lista.
- Usando le mani mescolare bene. Formare il composto in 6 polpette. Mettere in frigo fino a quando non si è pronti a grigliare (circa 30 minuti).
- Avviate la vostra griglia traeger su SMOKE con il coperchio aperto fino a quando il fuoco non si stabilizza. Impostare la temperatura a 175°C e preriscaldare per 10-15 minuti.
- Disporre le polpette di pollo sulla griglia e cuocere per 35-40 minuti girando una volta.
- Servire caldo con panini per hamburger e i tuoi condimenti preferiti.

Nutrizione:

Calorie: 258   Proteine: 39g   Carboidrati: 2.5g   Grasso: 9.4g   Zucchero: 1.2g

Petto di pollo affumicato con erbe secche

Preparazione: 15 Minuti   **Cottura**: 50 Minuti   **Porzioni**: 4

Ingredienti:

- 4 petti di pollo disossati
- ¼ di tazza di olio d'oliva aromatizzato all'aglio
- 2 spicchio d'aglio tritato
- ¼ di cucchiaino di salvia secca
- ¼ di cucchiaino di lavanda secca

- ¼ di cucchiaino di timo secco
- ¼ di cucchiaino di menta secca
- ½ cucchiaio di pepe rosso secco schiacciato
- Sale

Indicazioni:

- Mettere i petti di pollo in un contenitore di plastica poco profondo.
- In una ciotola combinare tutti gli ingredienti rimanenti e versare il composto sul petto di pollo e mettere in frigo per un'ora.
- Togliere il petto di pollo dalla salsa (riservare la salsa) e asciugare su carta da cucina.
- Avviare la griglia traeger su SMOKE con il coperchio aperto fino a quando il fuoco I stabilizza. Imposta la temperatura a 120°C e preriscalda per 10-15 minuti.
- Mettere i petti di pollo sull'affumicatore. Chiudere il coperchio della griglia Traeger e cuocere per circa 30-40 minuti o finché il petto di pollo raggiunge la temperatura interna di circa 70°C.
- Servire caldo con aggiunta di salsa marinata.

Nutrizione:

Calorie: 391   Proteine: 20.5g   Carboidrati: 0.7g   Grasso: 3.2g   Zucchero: 0g

Pollo alla griglia con ananas

Preparazione: 1 Ora   **Cottura**: 1 Ore e 15 Minuti   **Porzioni**: 6

Ingredienti:

- 900 gr di pollo
- 1 tazza di salsa di peperoncino dolce

- ¼ di tazza di succo d'ananas fresco
- ¼ di tazza di miele

Indicazioni:

- Unire il miele, il succo d'ananas e la salsa di peperoncino dolce in una ciotola media. Sbattere insieme accuratamente.
- Mettere da parte ¼ di tazza del composto.

- Rivestire il pollo nella salsa.
- Mettere un coperchio sulla ciotola e lasciarla in frigo per 30 minuti a marinare.
- Riscaldare la griglia a fuoco alto.
- Separare il pollo dalla salsa marinata e grigliare per 5 minuti su ogni lato.
- Usare la salsa riservata per spennellare il pollo.
- Continuare a grigliare per un altro minuto su ogni lato.
- Togliere il pollo dalla griglia e lasciarlo riposare per 5 minuti prima di servirlo.

Nutrizione:

Calorie: 270   Proteine: 33g   Carboidrati: 25g   Grasso: 2g   Zucchero: 17g

Pollo intero all'arancia

Preparazione: 15 Minuti   **Cottura**: 50 Minuti   **Porzioni**: 4

Ingredienti:

- 1 pollo intero
- 2 arance
- ¼ di tazza di olio
- 2 cucchiai di senape

- 1 scorza d'arancia
- 2 cucchiai di foglie di rosmarino, tritate
- 2 cucchiaini di sale

Indicazioni:

- Pulire e asciugare il pollo
- Prendere una ciotola e mescolare il succo d'arancia, l'olio, la scorza d'arancia, sale, foglie di rosmarino, senape e mescolare bene
- Marinare il pollo per 2 ore o una notte
- Preriscaldare la griglia a 175°C
- Trasferire il pollo nell'affumicatore e affumicare per 30 minuti con la pelle verso il basso. Girare e affumicare fino a quando la temperatura interna raggiunge i 75°C nella coscia e i 70°C nel petto
- Riposare per 10 minuti e tagliare
- Buon divertimento!

Nutrizione:

Calorie: 290   Proteine: 27g   Carboidrati: 20g   Grasso: 15g   Zucchero: 12g

Gallina della Cornovaglia

Preparazione: 15 Minuti   **Cottura**: 50 Minuti   **Porzioni**: 4

Ingredienti:

- 4 galline della Cornovaglia
- 4 rametti di rosmarino fresco
- 4 cucchiai di burro fuso
- 4 cucchiai di strofinamento di pollo

Indicazioni:

- Impostare la temperatura della griglia a 175°C e preriscaldare con il coperchio chiuso per 15 minuti.
- Con dei tovaglioli di carta, asciugare le galline.
- Infilare le ali dietro la schiena e con corde da cucina, legare le gambe insieme.
- Rivestire l'esterno di ogni gallina con burro fuso e cospargere uniformemente con il rub.
- Riempire ogni gallina con un rametto di rosmarino.
- Mettere le galline sulla griglia e cuocere per circa 50-60 minuti.
- Togliere le galline dalla griglia e metterle su un piatto per circa 10 minuti.
- Tagliare ogni gallina in pezzi della grandezza desiderata e servire.

Nutrizione:

Calorie: 430   Proteine: 25.4g   Carboidrati: 2.1g   Grasso: 33g   Zucchero: 0g

Pollo croccante e succoso

Preparazione: 15 Minuti   **Cottura**: 5 Ore   **Porzioni**: 6

Ingredienti:

- ¾ di tazza. zucchero di canna scuro
- ½ tazza di chicchi di espresso macinati
- 1 cucchiaio di cumino macinato
- 1 cucchiaio di cannella macinata
- 1 cucchiaio di aglio in polvere
- 1 cucchiaio di pepe di Caienna
- Sale e pepe nero macinato, a piacere
- 1 (circa 2 kg) pollo intero, collo e frattaglie rimossi

Indicazioni:

- Impostare la temperatura della griglia a 90-100°C e preriscaldare con il coperchio chiuso per 15 minuti.
- In una ciotola mescolate insieme lo zucchero di canna, l'espresso macinato, le spezie, il sale e il pepe nero.
- Strofinare il pollo con la miscela di spezie.
- Mettere il pollo sulla griglia e cuocere per circa 3-5 ore.

- Togliere il pollo dalla griglia e metterlo su un tagliere per circa 10 minuti prima di tagliarlo.
- Tagliare il pollo in pezzi dalle dimensioni desiderate e servire.

Nutrizione:

Calorie: 540   Proteine: 88.3g   Carboidrati: 20.7g   Grasso: 9.6g   Zucchero: 17g

Pollo saporito

Preparazione: 15 Minuti   **Cottura**: 3 Ore   **Porzioni**: 5

Ingredienti:

- Per la salamoia:
- 1 tazza di zucchero di canna:
- ½ tazza di sale di Cervia
- Per il pollo:
- 1 (1,5 kg) pollo intero
- 1 cucchiaio di aglio, schiacciato
- 1 cucchiaino di cipolla in polvere
- Sale
- Pepe nero macinato, a piacere

- 16 tazze di acqua

- 1 cipolla gialla media, tagliata in quarti
- 3 spicchi d'aglio interi, sbucciati
- 1 limone, tagliato in quattro
- 4-5 rametti di timo fresco

Indicazioni:

- Per la salamoia: in un contenitore con l'acqua sciogliere lo zucchero di canna e il sale.
- Mettere il pollo in salamoia e mettere in frigo per una notte.
- Impostare la temperatura della griglia a 115°C e preriscaldare con il coperchio chiuso per 15 minuti.
- Togliere il pollo dalla salamoia e con carta assorbente asciugarlo.
- In una piccola ciotola mescolare insieme l'aglio schiacciato, la polvere di cipolla, sale e pepe nero.
- Strofinare il pollo con la miscela di aglio in modo uniforme.
- Farcite l'interno del pollo con cipolla, spicchi d'aglio, limone e timo.
- Con le corde da cucina, legare le gambe insieme.
- Mettere il pollo sulla griglia e cuocere, coperto per circa 2½-3 ore.
- Togliere il pollo dalla griglia del pallet e trasferirlo su un tagliere per circa 10 minuti prima di tagliarlo.
- Tagliare il pollo in pezzi delle dimensioni desiderate e servire.

Nutrizione:

Calorie: 641   Proteine: 31.7g   Carboidrati: 31.7g   Grasso: 20.2g   Zucchero: 29.3g

Cosce di pollo del sud-est asiatico

Preparazione: 15 Minuti   **Cottura**: 2 Ore   **Porzioni**: 5

Ingredienti:

- 1 tazza di succo d'arancia fresco
- ¼ di tazza di miele
- 2 cucchiai di salsa di peperoncino dolce
- 2 cucchiai di glassa cinese per carne
- 2 cucchiai di zenzero fresco,
- grattugiato finemente
- 2 cucchiai di aglio tritato
- 1 cucchiaino di salsa piccante tailandese
- ½ cucchiaino di olio di sesamo
- 6 bacchette di pollo

Indicazioni:

- Impostare la temperatura della griglia a 115°C e preriscaldare con il coperchio chiuso per 15 minuti.
- Mescolare tutti gli ingredienti tranne le bacchette di pollo fino a quando non sono ben combinati.
- Mettere da parte metà della miscela di miele in una piccola ciotola.
- Nella ciotola della salsa rimanente, aggiungere le bacchette e mescolare bene.
- Disporre le bacchette di pollo sulla griglia e cuocere per circa 2 ore, bagnando di tanto in tanto con la salsa rimanente.
- Servire caldo.

Nutrizione:

Calorie: 385   Proteine: 47.6g   Carboidrati: 22.7g   Grasso: 10.6g   Zucchero: 18.6

Cosce di pollo

Preparazione: 15 Minuti   **Cottura**: 1 Ora   **Porzioni**: 8

Ingredienti:

- Per la salamoia:
- ½ tazza di zucchero di canna
- ½ tazza di sale
- 5 tazze di acqua
- 2 (355 ml.) bottiglie di birra
- 8 bacchette di pollo

- Per il rivestimento:
- ¼ di tazza di olio d'oliva
- ½ tazza di aromi secchi
- 1 cucchiaio di prezzemolo fresco, tritato
- 1 cucchiaio di erba cipollina fresca, tritata
- ¾ di tazza di salsa bbq
- ¼ di tazza di birra

Indicazioni:

- Per la salamoia: in un secchio, sciogliere lo zucchero di canna: e il sale kosher in acqua e birra.
- Mettere le bacchette di pollo in salamoia e mettere in frigo, coperto per circa 3 ore.
- Impostare la temperatura della griglia a 140°C e preriscaldare con il coperchio chiuso per 15 minuti.
- Togliere le bacchette di pollo dalla salamoia e sciacquarle sotto l'acqua corrente fredda.
- Con carta assorbente, asciugare le bacchette di pollo.
- Rivestire le cosce di pollo con olio d'oliva e strofinare con gli aromi in modo uniforme.
- Cospargere le bacchette con prezzemolo ed erba cipollina.
- Disporre le cosce di pollo sulla griglia e cuocere per circa 45 minuti.
- Nel frattempo, in una ciotola, mescolate insieme la salsa BBQ e la birra.
- Togliere dalla griglia e ricoprire le bacchette con la salsa BBQ in modo uniforme.
- Cuocere per altri 15 minuti circa.
- Servire immediatamente.

Nutrizione:

Calorie: 448   Proteine: 47.2g   Carboidrati: 20.5g   Grasso: 16.1g   Zucchero: 14.9g

Cosce di pollo glassate

Preparazione: 15 Minuti   **Cottura**: 2 Ore e 5 Minuti   **Porzioni**: 4

Ingredienti:

- 2 spicchi d'aglio, tritati
- ¼ di tazza di miele
- 2 cucchiai di salsa di soia
- ¼ di cucchiaino di fiocchi di pepe rosso, schiacciati
- 4 cosce di pollo senza pelle e senza ossa
- 2 cucchiai di olio d'oliva
- 2 cucchiai di aromi per il pollo
- ¼ di cucchiaino di polvere di peperoncino rosso
- Pepe nero a piacere

Indicazioni:

- Impostare la temperatura della griglia a 200°C e preriscaldare con il coperchio chiuso per 15 minuti.

- In una ciotola aggiungere l'aglio, il miele, la salsa di soia e i fiocchi di pepe rosso e con una frusta a filo sbattere fino a quando non sono ben combinati.
- Rivestire le cosce di pollo con olio e condire generosamente con gli aromi, peperoncino in polvere e pepe nero.
- Disporre le cosce di pollo sulla griglia e cuocere per circa 15 minuti per lato.
- Negli ultimi 4-5 minuti di cottura, ricoprire le cosce con la miscela di aglio.
- Servire immediatamente.

Nutrizione:

Calorie: 309   Proteine: 32.3g   Carboidrati: 18.7g   Grasso: 12.1g   Zucchero: 17.6g

Petto di pollo alla cajun

Preparazione: 10 Minuti   **Cottura**: 6 Ore   **Porzioni**: 6

Ingredienti:

- 900 gr di petti di pollo senza pelle e senza ossa
- 2 cucchiai di condimento Cajun
- 1 tazza di salsa BBQ

Indicazioni:

- Impostare la temperatura della griglia a 105°C e preriscaldare con il coperchio chiuso per 15 minuti.
- Strofinare generosamente i petti di pollo con il condimento Cajun.
- Mettere i petti di pollo sulla griglia e cuocere per circa 4-6 ore.
- Durante l'ultima ora di cottura, ricoprire i petti con la salsa BBQ due volte.
- Servire caldo.

Nutrizione:

Calorie: 252   Proteine: 33.8g   Carboidrati: 15.1g   Grasso: 5.5g   Zucchero: 10.9g

Petto di pollo ricoperti di salsa barbecue

Preparazione: 10 Minuti   **Cottura**: 30 Minuti   **Porzioni**: 4

Ingredienti:

- 1 cucchiaino di aglio, schiacciato
- ¼ di tazza di olio d'oliva
- 1 cucchiaio di salsa di soia
- 1 cucchiaio di condimento dolce di

mesquite
- 4 petti di pollo
- 2 cucchiai di normale salsa BBQ

- 2 cucchiai di salsa BBQ piccante
- 2 cucchiai di salsa BBQ al miele bourbon

Indicazioni:

- Impostare la temperatura della griglia a 230°C e preriscaldare con il coperchio chiuso per 15 minuti.
- In una grande ciotola, mescolare insieme aglio, olio, salsa di soia e condimento mesquite.
- Rivestire i petti di pollo con la miscela di condimento in modo uniforme.
- Mettere i petti di pollo sulla griglia e cuocere per circa 20-30 minuti.
- Nel frattempo in una ciotola, mescolare tutte e 3 le salse BBQ.
- Negli ultimi 4-5 minuti di cottura, ricoprire il petto con la miscela di salsa BBQ.
- Servire caldo.

Nutrizione:

Calorie: 421   Proteine: 41.2g   Carboidrati: 10.1g   Grasso: 23.3g   Zucchero: 6.9g

Cosce di pollo economiche

Tempo di preparazione: 15 minuti
Tempo di cottura: 1 ora e 30 minuti
Porzioni: 6

Ingredienti:

- Per la salamoia:
- 1 tazza di sale
- ¾ di tazza di zucchero
- Per la glassa:
- ½ tazza di maionese
- 2 cucchiai di sfregamento per il barbecue

- 16 tazza di acqua
- 6 quarti di coscia di pollo

- 2 cucchiai di erba cipollina fresca, tritata
- 1 cucchiaio di aglio tritato

Indicazioni:

- Per la salamoia: in un secchio, sciogliere il sale e lo zucchero di canna: in acqua.
- Mettere i quarti di pollo in salamoia e mettere in frigo, coperto per circa 4 ore.
- Impostare la temperatura della griglia a 135°C e preriscaldare con il coperchio chiuso per 15 minuti.
- Togliere i quarti di pollo dalla salamoia e sciacquarli sotto l'acqua corrente fredda.
- Con carta assorbente, asciugare i quarti di pollo.
- Per la glassa: in una ciotola, aggiungere tutti gli ingredienti e mescolare fino a ben

combinati.

- Rivestire i quarti di pollo con la glassa in modo uniforme.
- Mettere i quarti di coscia di pollo sulla griglia e cuocere per circa 1-1½ ore.
- Servire immediatamente.

Nutrizione:

Calorie: 399   Proteine: 29.1g   Carboidrati: 17.2g   Grasso: 24.7g   Zucchero: 14.2g

Pollo intero affumicato con glassa di miele

Tempo di preparazione: 30 minuti
Tempo di cottura: 3 ore
Porzioni: 1

Ingredienti:

- 2 kg di pollo con le frattaglie accuratamente rimosse e asciugate
- 1 ½ limone
- 1 cucchiaio di miele
- 4 cucchiai di burro non salato
- 4 cucchiai di condimento per pollo

Indicazioni:

- Accendi il tuo affumicatore e imposta la temperatura a 105°C
- Prendere una piccola casseruola e sciogliere il burro con il miele a fuoco lento
- Ora spremere ½ limone in questa miscela e poi spostarla dalla fonte di calore
- Prendere il pollo e affumicarlo tenendo il lato della pelle verso il basso. Fallo fino a quando il pollo diventa marrone chiaro e la pelle comincia a staccarsi dalla griglia.
- Girare il pollo e applicarvi la miscela di burro al miele
- Continuare ad affumicare assicurandosi di assaggiare ogni 45 minuti fino a quando il nucleo più spesso raggiunge una temperatura di 80°C
- Ora togliete il pollo dalla griglia e lasciatelo riposare per 5 minuti
- Servire con le fette di limone rimaste e gustare

Nutrizione:

Calorie: 251   Proteine: 19g   Carboidrati: 29g   Grasso: 2g   Zucchero: 18g

Ali di pollo al parmigiano all'aglio

Tempo di preparazione: 30 minuti
Tempo di cottura: 3 ore
Porzioni: 1

Ingredienti:

- Per le ali di pollo
- 2,5 kg di ali di pollo
- Per la guarnizione
- 1 tazza di parmigiano tagliuzzato
- Per la salsa
- 10 spicchi d'aglio tagliati finemente
- 1 tazza di burro

- ½ tazza di aromi per il pollo
- 3 cucchiai di prezzemolo tritato
- 2 cucchiai di aromi per il pollo

Indicazioni:

- Impostare la griglia sul preriscaldamento tenendo la temperatura alta
- Prendete una grande ciotola e buttateci dentro le ali insieme alla crema di pollo.
- Ora mettete le ali direttamente sulla griglia e cuocetele per 10 minuti
- Giralo e cuoci per i dieci minuti
- Controllare la temperatura interna e deve raggiungere un valore compreso tra 75-80°C
- Per la salsa all'aglio
- Prendete una casseruola di medie dimensioni e mescolate l'aglio, il burro e il rub avanzato.
- Cuocere a fuoco medio su un fornello
- Cuocere per 10 minuti mescolando in mezzo per evitare la formazione di grumi
- Quando le ali sono state cotte, toglierle dalla griglia e metterle in una grande ciotola
- Condite le ali con la salsa all'aglio insieme al prezzemolo e al parmigiano
- Servire e gustare

Nutrizione:

Calorie: 243   Proteine: 29g   Carboidrati: 19g   Grasso: 5g   Zucchero: 11g

Ricette di Manzo

Filetto di manzo

Preparazione: 10 minuti   **Cottura**: 1 Ora e 19 minuti   **Porzioni**: 12

Ingredienti:
- 1 filetto di manzo, tagliato
- Sale
- ¼ di tazza di olio d'oliva
- Pepe nero

Indicazioni:
- Con delle corde da cucina legare il filetto in 7-8 punti.
- Condire generosamente il filetto con il sale.
- Coprire il filetto con la pellicola e tenere da parte a temperatura ambiente per circa 1 ora.
- Preriscaldare la griglia a 105°C.
- Poi ricoprire il filetto con olio in modo uniforme e condire con pepe nero.
- Disporre il filetto sulla griglia e cuocere per circa 55-65 minuti.
- Mettere la griglia di cottura direttamente sui carboni ardenti e scottate il filetto per circa 2 minuti per lato.
- Togliere il filetto dalla griglia e metterlo su un tagliere per circa 10-15 minuti prima di servire.
- Con un coltello affilato, tagliare il filetto a fette della grandezza desiderata e servire.

Nutrizione:

Calorie: 425   Proteine: 54.7g   Carboidrati: 2.9g   Grasso: 21.5g   Zucchero: 0g

Costolette di manzo alla senape

Preparazione: 15 minuti   **Cottura**: 3 Ore   **Porzioni**: 6

Ingredienti:
Per la salsa di senape:
- 1 tazza di senape gialla preparata
- ¼ di tazza di aceto di vino rosso
- ¼ di tazza di succo di sottaceti all'aneto

- 1 cucchiaino di aglio granulato

- 2 cucchiai di salsa di soia
- 1 cucchiaino di zenzero macinato

Per il rub delle spezie:
- 2 cucchiai di sale
- 2 cucchiai di pepe nero macinato

- 1 cucchiaio di zucchero di canna bianco
- 1 cucchiaio di aglio granulato

Per le costolette:
- 6 costolette di manzo

Indicazioni:
- Preriscaldare la griglia a 100-120°C, usando il carbone.
- Per la salsa: in una ciotola, mescolare tutti gli ingredienti.
- Per il condimento: in una piccola ciotola, mescolare tutti gli ingredienti.
- Rivestire generosamente le costolette con la salsa e poi cospargere uniformemente con il rub di spezie.
- Mettere le costolette sulla griglia a fuoco indiretto, con l'osso verso il basso.
- Cuocere per circa 1-1½ ore.
- Girate il lato e cuocete per circa 45 minuti.
- Capovolgere il lato e cuocere per altri 45 minuti circa.
- Togliere le costole dalla griglia e metterle su un tagliere per circa 10 minuti prima di servire.
- Con un coltello affilato, tagliate le costole in pezzi individuali di uguali dimensioni e servite.

Nutrizione:

Calorie: 867   Proteine: 117,1g   Carboidrati: 7,7g   Grasso: 37,5g   Zucchero: 3,6g

Punta di petto di manzo dolce e piccante

Preparazione: 10 minuti   **Cottura**: 7 Ore   **Porzioni**: 10

Ingredienti:
- 1 tazza di paprika
- ¾ di tazza di zucchero
- 3 cucchiai di sale all'aglio
- 3 cucchiai di polvere di cipolla
- 1 cucchiaio di sale di sedano

- 1 cucchiaio di pepe al limone
- 1 cucchiaio di pepe nero macinato
- 1 cucchiaino di pepe di Caienna
- 1 cucchiaino di senape in polvere
- ½ cucchiaino di timo secco,

schiacciato

- 1 petto di manzo

Indicazioni:

- In una ciotola mettere tutti gli ingredienti tranne la punta di manzo e mescolare bene.
- Strofinare generosamente la punta di petto con la miscela di spezie.
- Con una pellicola di plastica, coprire la punta di petto e mettere in frigo per una notte.
- Preriscaldare la griglia a 120°C.
- Mettere la punta di petto sulla griglia a fuoco indiretto e cuocere per circa 3-3 ore e mezza.
- Capovolgere e cuocere ancora per circa 3-3 ore e mezza.
- Togliere la punta di petto dalla griglia e metterla su un tagliere per circa 10-15 minuti prima di affettarla.
- Con un coltello affilato tagliare la punta di petto in fette della dimensione desiderata e servire.

Nutrizione:

Calorie: 536   Proteine: 15,6g   Carboidrati: 24,8g   Grasso: 15,6g   Zucchero: 17,4g

Filetto di manzo al brandy

Preparazione: 15 minuti   **Cottura**: 2 Ore e 2 minuti   **Porzioni**: 6

Ingredienti:

Per il burro al brandy:

- ½ tazza di burro
- brandy

Per la salsa al brandy:

- brandy
- 8 spicchi d'aglio, tritati
- ¼ di tazza di erbe fresche miste (prezzemolo, rosmarino e timo), tritate
- 2 cucchiai di miele
- 2 cucchiai di senape piccante

Per il filetto:

- 1 filetto di manzo tagliato al centro
- Sale
- Pepe nero

Indicazioni:

- Preriscaldare la griglia a 115°C.
- Per il burro al brandy: in una padella, sciogliere il burro a fuoco medio-basso.
- Mescolare il burro con il brandy e togliere dal fuoco.
- Mettere da parte e coprire per mantenere il calore.

- Per la salsa al brandy: in una ciotola aggiungere tutti gli ingredienti e mescolare fino ad amalgamarli.
- Condire generosamente il filetto con sale e pepe nero.
- Rivestire uniformemente il filetto con la salsa al brandy.
- Con una siringa-iniettore, iniettare il filetto con burro al brandy.
- Mettere il filetto sulla griglia e cuocere per circa ½-2 ore, iniettando di tanto in tanto del burro al brandy.
- Togliere il filetto dalla griglia e metterlo su un tagliere per circa 10-15 minuti prima di servire.
- Con un coltello affilato, tagliare il filetto a fette della grandezza desiderata e servire.

Nutrizione:

Calorie: 496   Proteine: 44,4g   Carboidrati: 4,4g   Grasso: 29,3g   Zucchero: 2g

Arrosto di fesa di manzo

Preparazione: 10 minuti   **Cottura**: 6 Ore   **Porzioni**: 8

Ingredienti:

- 1 cucchiaino di paprika affumicata
- 1 cucchiaino di pepe di Caienna
- 1 cucchiaino di cipolla in polvere
- 1 cucchiaino di aglio in polvere
- Sale e pepe nero macinato, come
- richiesto
- 1,5 kg di arrosto di fesa di manzo
- ¼ di tazza di salsa di soia

Indicazioni:

- Preriscaldare la griglia a 90°C.
- In una ciotola mescolare tutte le spezie.
- Rivestire l'arrosto di fesa con la salsa di soia in modo uniforme e poi strofinare generosamente con la miscela di spezie.
- Mettere l'arrosto di fesa sulla griglia e cuocere per circa 5-6 ore.
- Togliere l'arrosto dalla griglia e metterlo su un tagliere per circa 10-15 minuti prima di servire.
- Con un coltello affilato tagliare l'arrosto a fette della grandezza desiderata e servire.

Nutrizione:

Calorie: 252   Proteine: 37,8g   Carboidrati: 2,3g   Grasso: 9,1g   Zucchero: 1,8g

Arrosto di prima scelta alle erbe

Preparazione: 10 minuti   **Cottura**: 3 Ore e 50 minuti   **Porzioni**: 10

Ingredienti:

- 1 arrosto di prima scelta
- Sale
- 5 cucchiai di olio d'oliva
- 2 cucchiaini di timo secco, schiacciato
- 2 cucchiai di rosmarino secco, schiacciato

- 2 cucchiaini di aglio in polvere
- 1 cucchiaino di cipolla in polvere
- 1 cucchiaino di paprika
- ½ cucchiaino di pepe di Caienna
- Pepe nero macinato

Indicazioni:

- Salare generosamente l'arrosto.
- Con una pellicola di plastica coprire l'arrosto e metterlo in frigo per circa 24 ore.
- In una ciotola mescolare insieme i restanti ingredienti e mettere da parte per circa 1 ora.
- Strofinare l'arrosto con la miscela di olio da entrambi i lati in modo uniforme.
- Disporre l'arrosto in una grande teglia da forno e mettere in frigo per circa 6-12 ore.
- Preriscaldare la griglia a 105-115°C utilizzando se è possibile i trucioli di legno di pecan.
- Mettere l'arrosto sulla griglia e cuocere per circa 3-3 ore e mezza.
- Nel frattempo, preriscaldare il forno a 280°C.
- Togliere l'arrosto dalla griglia e metterlo su una grande teglia.
- Mettere la teglia nel forno e arrostire per circa 15-20 minuti.
- Togliere l'arrosto dal forno e metterlo su un tagliere per circa 10-15 minuti prima di servire.
- Con un coltello affilato tagliare l'arrosto a fette della grandezza desiderata e servire.

Nutrizione:

Calorie: 605   Proteine: 38g   Carboidrati: 3,8g   Grasso: 47,6g   Zucchero: 0,3g

Arrosto di manzo piccante

Preparazione: 10 minuti   **Cottura**: 4 Ore e mezza   **Porzioni**: 8

Ingredienti:

- 2 cucchiai di polvere di cipolla
- 2 cucchiai di aglio in polvere

- 1 cucchiaio di polvere di peperoncino rosso

- 1 cucchiaio di pepe di Caienna
- Sale e pepe nero macinato, come richiesto

- 1 arrosto di manzo
- 475 ml di brodo di manzo caldo

Indicazioni:

- Preriscaldare la griglia a 120°C.
- In una ciotola mescolate insieme le spezie, il sale e il pepe nero.
- Strofinare l'arrosto di manzo con la miscela di spezie in modo uniforme.
- Mettere l'arrosto di fesa sulla griglia e cuocere per circa 1 ora e mezza per lato.
- Disporre l'arrosto in una pentola fumante con brodo di manzo.
- Con un pezzo di pellicola coprire la padella e cuocere per circa 2-3 ore.
- Togliere l'arrosto di manzo dalla griglia e metterlo su un tagliere per circa 20 minuti prima di affettarlo.
- Con un coltello affilato tagliate l'arrosto di manzo a fette della grandezza desiderata e servite.

Nutrizione:

Calorie: 645   Proteine: 46,4g   Carboidrati: 4,2g   Grasso: 48g   Zucchero: 1,4g

Bistecca di manzo speziata al barbecue

Preparazione: 15 minuti   **Cottura**: 30 Minuti   **Porzioni**: 6

Ingredienti:

- 1 bistecca di manzo (circa 1 kg)
- 2 cucchiai di olio d'oliva
- ¼ di tazza di condimento per il barbecue

- 3 cucchiai di formaggio gorgonzola sbriciolato
- 2 cucchiai di burro ammorbidito
- 1 cucchiaino di erba cipollina fresca, tritata

Indicazioni:

- Preriscaldare la griglia 105°C.
- Rivestire la bistecca con olio in modo uniforme e condire con condimento BBQ.
- Mettere la bistecca sulla griglia e cuocere per circa 10-15 minuti per lato.
- Togliere la bistecca dalla griglia e metterla su un tagliere per circa 10 minuti prima di tagliarla.
- Nel frattempo in una ciotola aggiungere il gorgonzola, il burro e l'erba cipollina e

mescolare bene.

- Con un coltello affilato tagliare la bistecca in strisce sottili lungo la venatura.
- Ricoprire con la miscela di formaggio e servire.

Nutrizione:

Calorie: 370   Proteine: 46,8g   Carboidrati: 0,1g   Grasso: 19,1g   Zucchero: 0g

Peperoni ripieni di manzo

Preparazione: 20 minuti   **Cottura**: 1 Ora   **Porzioni**: 6

Ingredienti:

- 6 peperoni grandi
- 450 gr di manzo macinato
- 1 cipolla piccola, tritata
- 2 spicchi d'aglio, tritati
- 2 tazze di riso cotto
- 1 tazza di mais congelato, scongelato
- 1 tazza di fagioli neri cotti
- 2/3 tazza di salsa
- 2 cucchiai di condimento di cajun
- 1½ tazze di formaggio Asiago

Indicazioni:

- Tagliare ogni peperone a metà nel senso della lunghezza attraverso il gambo.
- Rimuovere con attenzione i semi.
- Per il ripieno: scaldare una grande padella e cuocere la carne di manzo per circa 6-7 minuti o fino a completa rosolatura.
- Aggiungere la cipolla e l'aglio e cuocere per circa 2-3 minuti.
- Mescolare i restanti ingredienti tranne il formaggio e cuocere per circa 5 minuti.
- Togliere dal fuoco e mettere da parte per raffreddare leggermente.
- Preriscaldare la griglia a 175°C.
- Riempire ogni peperone diviso a metà con il ripieno in modo uniforme.
- Disporre i peperoni sulla griglia, lato ripieno in alto, e cuocere per circa 40 minuti.
- Cospargere ogni metà di peperone con il formaggio e cuocere per altri 5 minuti circa.
- Togliere i peperoni dalla griglia e servirli caldi.

Nutrizione:

Calorie: 675   Proteine: 43,9g   Carboidrati: 90,7g   Grasso: 14,8g   Zucchero: 9,1g

Polpettone al barbecue

Preparazione: 20 minuti   **Cottura**: 2 Ore e mezza   **Porzioni**: 8

Ingredienti:

Per il polpettone:
- 1,5 kg di manzo macinato
- 3 uova
- ½ tazza di pangrattato
- 1 tazza di peperoni verdi tagliati a cubetti
- 1 tazza di pomodori tagliati a cubetti
- 1 cipolla bianca, tritata
- 2 peperoncini piccanti, tritati
- 2 cucchiai di sale stagionato
- 2 cucchiai di aroma di fumo liquido
- 2 cucchiaini di paprika affumicata
- 1 cucchiaino di sale di cipolla
- 1 cucchiaino di sale all'aglio
- Sale e pepe nero macinato

Per la salsa:
- ½ tazza di ketchup
- ¼ di tazza di salsa di peperoncino a base di pomodoro
- ¼ di tazza di zucchero bianco
- 2 cucchiai di salsa di soia
- 2 cucchiai di salsa al peperoncino
- 1 cucchiaino di fiocchi di pepe rosso, schiacciati
- 1 cucchiaino di peperoncino rosso
- Sale e pepe nero macinato

Indicazioni:
- Preriscaldare la griglia a 105°C, usando il carbone.
- Ungere una teglia.
- Per il polpettone: in una ciotola, aggiungere tutti gli ingredienti e con le mani mescolare ed amalgamare bene.
- Mettere il composto nella teglia preparata in modo uniforme.
- Mettere la padella sulla griglia e cuocere per circa 2 ore.
- Per la salsa: in una ciotola aggiungere tutti gli ingredienti e mescolare.
- Togliere la padella dalla griglia e scolare il grasso in eccesso dal polpettone.
- Mettere la salsa sul polpettone in modo uniforme e mettere la padella sulla griglia.
- Cuocere per circa 30 minuti.
- Togliere il polpettone dalla griglia e mettere da parte per circa 10 minuti prima di servire.
- Rovesciare con attenzione il polpettone su un piatto da portata.
- Tagliare il polpettone a fette della grandezza desiderata e servire.

Nutrizione:

Calorie: 423   Proteine: 54,9g   Carboidrati: 15,7g   Grasso: 13g   Zucchero: 12,3g

Punta di petto di manzo affumicato con rub dolce e piccante

Preparazione: 15 minuti   **Cottura**: 1 Ora   **Porzioni**: 10

Ingredienti:
- Petto di manzo (circa 3 kg)
- 1 tazza di paprika
- ½ tazza di sale
- 1 tazza di zucchero di canna
- ½ tazza di cumino
- ½ tazza di pepe
- ½ tazza di polvere di peperoncino
- ¼ di tazza di pepe di Caienna

Indicazioni:
- Unire la paprika, il sale, lo zucchero di canna, il cumino, il pepe, il peperoncino in polvere e il pepe di cayenna in una ciotola e mescolare fino ad incorporarli.
- Strofinare la punta di manzo con la miscela di spezie e marinarla per una notte. Conservare in frigorifero per mantenerlo fresco.
- Togliere la punta di manzo dal frigorifero e scongelarla finché non raggiunge la temperatura ambiente.
- Preriscaldare l'affumicatore a 120°C utilizzando il calore indiretto. (Non dimenticate di immergere i trucioli di legno prima di usarli).
- Quando l'affumicatore ha raggiunto la temperatura desiderata, avvolgere la punta di manzo con un foglio di alluminio e metterla nell'affumicatore.
- Affumicare il petto di manzo avvolto per 8 ore. Controllare la temperatura ogni ora e poi aggiungere più carbone e trucioli se è necessario.
- Una volta che la punta di manzo affumicata è pronta, toglierla dall'affumicatore e lasciarla riposare per qualche minuto.
- Srotolare la punta di manzo affumicata e metterla su una superficie piana.
- Tagliare la punta di petto di manzo affumicato a fette spesse e metterla su un piatto da portata.
- Servire e gustare.

Nutrizione:

Calorie: 180   Proteine: 35g   Carboidrati: 3g   Grasso: 3g   Zucchero: 0g

Semplice petto di manzo affumicato con salsa moka

Preparazione: 15 minuti   **Cottura**: 1 Ora   **Porzioni**: 10

Ingredienti:
- 2,5 kg di petto di manzo
- 1 ½ cucchiaio di aglio in polvere
- 1 ½ cucchiaio di polvere di cipolla
- 5 cucchiai di sale
- 4 cucchiai di pepe
- 2 ½ cucchiai di olio d'oliva
- 1 tazza di cipolla tritata
- ¼ di tazza di cioccolato fondente

tritato
- ¼ di tazza di zucchero

- ½ tazza di birra
- 2 tazze di espresso

Indicazioni:

- Strofinare la punta di manzo con aglio in polvere, cipolla in polvere, sale e pepe nero.
- Avvolgere la punta di manzo stagionata con un foglio di plastica e conservarla in frigorifero per una notte.
- L'indomani togliere la punta di manzo dal frigorifero e scongelarla per circa un'ora.
- Preriscaldare l'affumicatore a 120°C con carbone di legna e trucioli, a calore indiretto. Mettere la punta di manzo nell'affumicatore e affumicare per 8 ore.
- Mantenere la temperatura a 120°C e aggiungere altro carbone e trucioli se è necessario.
- Nel frattempo, preriscaldare una casseruola a fuoco medio poi versare l'olio d'oliva nella casseruola.
- Una volta che l'olio è caldo, mescolate la cipolla tritata e soffriggetela fino a farla appassire e aromatizzarla.
- Ridurre il calore al minimo e aggiungere gli altri ingredienti della salsa nella casseruola, mescolare bene e portare ad ebollizione.
- Togliere la salsa dal fuoco e metterla da parte.
- Quando la punta di manzo affumicata è pronta o la temperatura interna ha raggiunto gli 85°C toglierla dall'affumicatore e trasferirla in un piatto da portata.
- Versare la salsa alla moka sul petto di manzo affumicato e servire.
- Godetevi il piatto caldo.

Nutrizione:

Calorie: 210   Proteine: 19g   Carboidrati: 1g   Grasso: 13g   Zucchero: 0g

Costolette di manzo affumicate al limone e zenzero

Preparazione: 10 minuti   **Cottura**: 10 Ore   **Porzioni**: 10

Ingredienti:

- 3 kg di costolette di manzo
- 3 cucchiai di paprika
- ¼ di tazza di zucchero di canna
- 1 ½ cucchiaio di senape secca
- 1 cucchiaio e mezzo di zenzero

- 1 cucchiaio di polvere di cipolla
- 1 ½ cucchiaio di sale
- 1 cucchiaio di pepe
- 3 cucchiai di succo di limone

Indicazioni:

- Unire la paprika con lo zucchero di canna, la senape secca, la polvere di cipolla, il sale e il pepe e mescolare bene.

- Strofinare le costolette di manzo con la miscela di spezie e metterle su un foglio di alluminio.
- Spruzzare il succo di limone sulle costolette di manzo e cospargere lo zenzero.
- Avvolgere le costolette di manzo condite con un foglio di alluminio e metterle da parte.
- Preriscaldare l'affumicatore a 120°C con carbone di legna e trucioli. (Non dimenticare di immergere i trucioli di legno prima di usarli.)
- Mettere le costolette di manzo avvolte nell'affumicatore e fumare per 10 ore.
- Controllare che la temperatura rimanga a 120°C e aggiungere altro carbone e trucioli se è necessario.
- Una volta che le costolette di manzo affumicate sono pronte, toglierle dall'affumicatore.
- Srotolare le costolette di manzo affumicate e metterle su un piatto da portata.
- Servire e gustare.

Nutrizione:

Calorie: 415   Proteine: 25g   Carboidrati: 6g   Grasso: 35g   Zucchero: 4g

Costolette di manzo affumicate al cioccolato

Preparazione: 15 minuti   **Cottura**: 19 Ore   **Porzioni**: 10

Ingredienti:
- 3 kg di costolette di manzo
- 1 ¼ di tazza di cacao in polvere
- ¾ di tazza di polvere di peperoncino
- ¾ di tazza di zucchero
- ¾ di tazza di sale
- ¼ di tazza di pepe nero
- ¼ di tazza di cumino

Indicazioni:
- Mettete il cacao in polvere in una ciotola poi aggiungete il peperoncino in polvere, lo zucchero, il sale, il pepe nero e il cumino. Mescolare bene.
- Strofinare le costolette di manzo con la miscela di cacao in polvere e poi coprirle con la pellicola trasparente.
- Marinare le costolette di manzo per una notte e conservarle in frigorifero per mantenerle fresche.
- Al mattino, togliere le costolette di manzo dal frigorifero e scongelarle per circa un'ora.
- Preriscaldare l'affumicatore a 120°C con carbone di legna e trucioli, a calore indiretto. Mettere le costolette di manzo nell'affumicatore e affumicare per 10 ore.
- Mantenere la temperatura a 120°C e aggiungere altro carbone e trucioli se è necessario.

- Quando è pronto o la temperatura interna ha raggiunto i 75°C, togliete le costolette di manzo affumicate dall'affumicatore e trasferitele in un piatto da portata.
- Servire e gustare caldo.

Nutrizione:

Calorie: 415   Proteine: 25g   Carboidrati: 0g   Grasso: 35g   Zucchero: 0g

Manzo affumicato con salsa Mayo all'aglio

Preparazione: 15 minuti   **Cottura**: 8 Ore   **Porzioni**: 10

Ingredienti:
- 2,5 kg di filetto di manzo
- ¼ di tazza di aglio tritato
- 2 cucchiaini di pepe nero
- 2 cucchiaini di sale
- 1 ½ cucchiaio di olio d'oliva
- 5 spicchi d'aglio
- ½ tazza di maionese
- ¼ di tazza di acqua
- 2 cucchiai di aceto di vino rosso
- 2 cucchiai di erba cipollina

Indicazioni:
- Preriscaldare l'affumicatore a 120°C. Immergere i trucioli di legno di noce per circa un'ora prima di usarli.
- Unire l'aglio tritato, il pepe nero, il sale e l'olio d'oliva e mescolare fino ad amalgamarli.
- Strofinare il filetto di manzo con la miscela di spezie e metterlo nell'affumicatore.
- Avvolgere gli spicchi d'aglio con un foglio di alluminio e metterli accanto al filetto di manzo.
- Affumicare il filetto di manzo e l'aglio per circa 8 ore o fino a quando la temperatura interna del filetto raggiunge i 65°C
- Togliere il filetto di manzo affumicato e l'aglio dall'affumicatore, poi tagliare il filetto di manzo affumicato a fette. Mettere da parte.
- Mettere la maionese e l'erba cipollina in un frullatore, poi versare l'acqua e l'aceto di vino rosso sulla maionese.
- Aggiungere l'aglio affumicato al frullatore e frullare fino ad ottenere un composto omogeneo.
- Trasferire la salsa di aglio e maionese in una piccola ciotola e metterla accanto al filetto di manzo affumicato.
- Servire e gustare.

Nutrizione:

Calorie: 205   Proteine: 19g   Carboidrati: 4g   Grasso: 12g   Zucchero: 2g

Carne di manzo affumicata

Preparazione: 15 minuti   **Cottura**: 9 Ore   **Porzioni**: 10

Ingredienti:

- 1 arrosto di manzo da 3 kg circa
- 2 ½ cucchiai di sale
- 2 ½ cucchiai di pepe nero
- 2 ½ cucchiai di aglio in polvere
- ½ tazza di cipolla tritata
- 3 tazze di brodo di manzo

Indicazioni:

- Preriscaldare l'affumicatore a 105°C. Lasciare il coperchio chiuso e aspettare 15 minuti.
- Mescolate l'aglio in polvere con il pepe nero e il sale fino a combinare il tutto.
- Strofinare l'arrosto di manzo con la miscela di spezie poi con la mano massaggiare l'arrosto fino a quando non è completamente condito.
- Mettere l'arrosto condito sulla griglia e cuocere l'arrosto per 3 ore. Spruzzare l'arrosto con brodo di manzo una volta ogni ora.
- Dopo 3 ore cospargere la cipolla tritata sul fondo di una padella e versare il brodo di manzo rimanente sulla cipolla, circa 2 tazze.
- Trasferire l'arrosto cotto nella padella poi mettere la padella sulla griglia.
- Aumentare la temperatura dell'affumicatore a 120°C e cuocere per altre 3 ore.
- Dopo 3 ore, coprire la teglia con un foglio di alluminio e abbassare la temperatura a 75°C.
- Cuocere l'arrosto per altre 3 ore fino a cottura ultimata.
- Una volta fatto, trasferire il manzo affumicato su una superficie piana e lasciarlo raffreddare.
- Una volta freddo con una forchetta sminuzzare il manzo e metterlo su un piatto da portata.
- Servite e gustatelo!

Nutrizione:

Calorie: 104   Proteine: 16g   Carboidrati: 6g   Grasso: 2g   Zucchero: 2g

Fesa di mazo affumicata

Preparazione: 20 minuti   **Cottura**: 4 Ore   **Porzioni**: 10

Ingredienti:
- 1 involtino di manzo da 2,5 kg
- 5 cucchiai di pepe nero macinati
- ¼ di tazza di sale

Indicazioni:
- Unire il sale e il pepe nero in una ciotola. Mescolare fino a combinare.
- Strofinare la carne di manzo con la miscela di spezie e metterla da parte.
- Preriscaldare una griglia a fuoco medio per circa 10 minuti.
- Metti il carbone sulla griglia e aspetta che la griglia raggiunga 135°C.
- Avvolgere il manzo con un foglio di alluminio e metterlo sulla griglia. Mantenere la temperatura della griglia a 135°C.
- Cuocere la carne di manzo per 5 ore.
- Quando il manzo affumicato è cotto, toglietelo dalla griglia e lasciatelo raffreddare per qualche minuto.
- Tagliare il manzo affumicato in fette sottili e servirlo con qualsiasi tipo di verdura arrostita, come si desidera.

Nutrizione:

Calorie: 230   Proteine: 15g   Carboidrati: 22g   Grasso: 9g   Zucchero: 6g

Manzo affumicato con glassa di miele

Preparazione: 10 minuti   **Cottura**: 8 Ore   **Porzioni**: 10

Ingredienti:
- 1 petto di manzo da 3 kg circa
- 2 ½ cucchiai di sale
- 2 ½ cucchiaio di pepe
- ¾ di tazza di salsa barbecue
- 3 cucchiai di vino rosso
- 3 cucchiai di miele grezzo

Indicazioni:
- Preriscaldare l'affumicatore a 105°C. Spargere la carbonella su un lato.
- Nel frattempo, strofinare la punta di manzo con sale, pepe e salsa barbecue.
- Quando l'affumicatore ha raggiunto la temperatura desiderata, mettere la punta di petto sulla griglia con il lato grasso in alto e spruzzare un po' di vino rosso.
- Affumicare il petto di manzo per 8 ore. Controllare l'affumicatore ogni 2 ore e aggiungere altro carbone se è necessario.

- Una volta fatto, prendete la punta di manzo affumicata dall'affumicatore e trasferitela su un piatto da portata.
- Spruzzare il miele grezzo sul manzo e lasciarlo riposare per circa un'ora prima di affettarlo.
- Servire con verdure arrostite o saltate secondo il vostro desiderio.

Nutrizione:

Calorie: 90   Proteine: 11g   Carboidrati: 8g   Grasso: 1g   Zucchero: 6g

Manzo affumicato speziato con origano

Preparazione: 10 minuti   **Cottura**: 8 Ore   **Porzioni**: 10

Ingredienti:
- 1 punta di petto 3,6 kg
- 6 cucchiai di paprika
- ¼ di tazza di sale
- 3 cucchiai di aglio in polvere
- 2 cucchiai di polvere di cipolla
- 1 ½ cucchiaio di pepe nero
- 1 ½ cucchiaio di prezzemolo secco
- 2 ½ cucchiaino di pepe di Caienna
- 2 ½ cucchiaino di cumino
- 1 ½ cucchiaino di coriandolo
- 2 cucchiaini di origano
- ½ cucchiaino di polvere di peperoncino piccante

Indicazioni:
- Cuocere la punta di petto per 6 ore.
- Dopo 6 ore di solito la temperatura dell'affumicatore scende a 70°C.
- Togliere la punta di petto dall'affumicatore e avvolgerla con un foglio di alluminio.
- Rimettere la punta di petto nel fumatore e cuocere di nuovo per 2 ore, questo passaggio contribuirà a rendere più tenera la carne.
- Una volta fatto completate le due ore togliere il manzo affumicato dall'affumicatore e metterlo in un piatto da portata.
- Tagliare il manzo affumicato a fette e poi gustare!

Nutrizione:

Calorie: 267   Proteine: 20g   Carboidrati: 0g   Grasso: 21g   Zucchero: 0g

Polpettone di peperoni dolci al barbecue

Preparazione: 20 minuti   **Cottura**: 3 Ore e 15 minuti   **Porzioni**: 8

Ingredienti:

- 1 tazza di peperoni rossi dolci tritati
- 2,5 kg di manzo macinato
- 1 tazza di cipolla verde tritata
- 1 cucchiaio di sale
- 1 cucchiaio di pepe nero macinato
- 1 tazza di pangrattato
- 2 cucchiai di condimento per carne al barbecue
- 1 tazza di ketchup
- 2 uova

Indicazioni:

- Accendere la griglia e impostare la temperatura a 105°Ce lasciarla preriscaldare per un minimo di 5 minuti.
- Nel frattempo, prendete una grande ciotola, metteteci tutti gli ingredienti tranne il ketchup e poi mescolate fino a quando non sono ben combinati.
- Dare al composto la forma di un polpettone e poi cospargere con un po' di condimento per carne.
- Quando la griglia è preriscaldata, aprire il coperchio, mettere il polpettone sulla griglia, chiudere la griglia e affumicare per 2 ore e 15 minuti.
- Successivamente cambiare la temperatura di affumicatura a 185°C, inserire un termometro per alimenti nel polpettone e cuocere per 45 minuti o più fino a quando la temperatura interna del polpettone raggiunge i 65°C.
- Spennellare la parte superiore del polpettone con il ketchup e poi continuare la cottura per 15 minuti fino alla glassatura.
- Al termine, trasferire il cibo in un piatto, lasciarlo riposare per 10 minuti, poi tagliarlo a fette e servire.

Nutrizione:

Calorie: 160,5   Proteine: 17,2g   Carboidrati: 13,2g   Grasso: 2,8g   Zucchero: 6g

Bistecca scottata

Preparazione: 10 minuti   **Cottura**: 60 Minuti   **Porzioni**: 4

Ingredienti:

- 2 bistecche
- 4 cucchiai di strofinamento annerito
- 4 cucchiai di burro non salato

Indicazioni:

- Accendere la griglia, riempire la tramoggia della griglia con il pellet, accendere la griglia utilizzando il pannello di controllo, selezionare "fumo" sul quadrante della temperatura, o impostare la temperatura a 105°C e lasciarla preriscaldare per un minimo di 15 minuti.
- Trasferire le bistecche in un piatto e poi ripetere con la bistecca rimanente.
- Lasciate riposare le bistecche scottate per 10 minuti, poi tagliate ogni bistecca lungo la venatura e servite.

Nutrizione:

Calorie: 184,4   Proteine: 23,5g   Carboidrati: 0g   Grasso: 8,8g   Zucchero: 0g

Punta di petto al barbecue

Preparazione: 12 Ore   **Cottura**: 10 Ore   **Porzioni**: 8

Ingredienti:

- 1 petto di manzo, circa 5,5 kg

Indicazioni:

- Condire la punta di petto di manzo con gli aromi per carne fino a quando è ben rivestito, metterlo in un grande sacchetto di plastica, sigillarlo e lasciarlo marinare per un minimo di 12 ore in frigorifero.
- Quando sei pronto a cucinare, accendi la griglia, riempi la tramoggia della griglia con il pellet, accendi la griglia usando il pannello di controllo, seleziona "fumo" sul quadrante della temperatura, o imposta la temperatura a 105°C e lasciala preriscaldare per un minimo di 15 minuti.
- Quando la griglia è preriscaldata, aprire il coperchio, mettere la punta di petto marinata sulla griglia con il lato grasso verso il basso, chiudere la griglia e affumicare per 6 ore finché la temperatura interna raggiunge i 70°C.
- Poi avvolgere la punta di petto nella pellicola, rimetterla sulla griglia e cuocere per 4 ore fino a quando la temperatura interna raggiunge i 95°C.
- Al termine, trasferire la punta di petto su un tagliere, lasciarla riposare per 30 minuti, poi tagliarla a fette e servire.

Nutrizione:

Calorie: 328   Proteine: 32g   Carboidrati: 4g   Grasso: 21g   Zucchero: 2g

Arrosto di prima scelta

Preparazione: 24 Ore   **Cottura**: 4 Ore e 30 minuti   **Porzioni**: 8

Ingredienti:
- 1 arrosto di prima scelta

Indicazioni:
- Condire l'arrosto di costolette con il condimento per carne fino a quando è ben rivestito, metterlo in un grande sacchetto di plastica, sigillarlo e lasciarlo marinare per un minimo di 24 ore in frigorifero.
- Quando sei pronto a cucinare, accendi la griglia, riempi la tramoggia della griglia con traeger aromatizzati alla ciliegia, accendi la griglia usando il pannello di controllo, seleziona "fumo" sul quadrante della temperatura, o imposta la temperatura 105°C e lasciala preriscaldare per un minimo di 15 minuti.
- Quando la griglia è preriscaldata, aprite il coperchio, mettete l'arrosto sulla griglia con il lato grasso verso l'alto, cambiate la temperatura di affumicatura a 220°C, chiudete la griglia e affumicate per 30 minuti.
- Poi cambiare la temperatura di affumicatura a 165°Ce continuare la cottura per 3 o 4 ore fino a quando l'arrosto raggiunge la cottura desiderata: al sangue a 48°C, al sangue medio a 55°C, medio a 60°C, e ben cotto a 65°C.
- Al termine, trasferire l'arrosto su un tagliere, lasciarlo riposare per 15 minuti, poi tagliarlo a fette e servire.

Nutrizione:
Calorie: 248   Proteine: 28g   Carboidrati: 0g   Grasso: 21,2g   Zucchero: 0g

Spiedini di manzo tailandese

Preparazione: 15 minuti   **Cottura**: 8 minuti   **Porzioni**: 6

Ingredienti:
- ½ peperone rosso medio tagliato a pezzi
- ½ lombata di manzo, senza grasso
- ½ tazza di arachidi salate, tostate e tritate
- 1 cucchiaino di aglio tritato
- 1 cucchiaio di zenzero grattugiato
- 1 limone, spremuto

- 1 cucchiaino di pepe nero macinato
- 1 cucchiaio di zucchero:

- 1/4 tazza di salsa di soia
- 1/4 tazza di olio d'oliva

Indicazioni:

- Preparate la marinata e per farlo prendete una piccola ciotola, metteteci tutti i suoi ingredienti, sbattete fino a combinarli, e poi versateli in un grande sacchetto di plastica.
- Tagliare la lombata di manzo a dadi, aggiungeteli al sacchetto di plastica contenente la marinata, sigillare il sacchetto, capovolgerlo per ricoprire i pezzi di manzo con la marinata, e lasciarlo marinare per un minimo di 2 ore in frigorifero.
- Quando sei pronto per cucinare, accendi la griglia, riempi la tramoggia della griglia con traeger aromatizzati alla ciliegia, accendi la griglia usando il pannello di controllo, seleziona "fumo" sul quadrante della temperatura, o imposta la temperatura a 220°C e lasciala preriscaldare per un minimo di 5 minuti.
- Nel frattempo, togliete i pezzi di manzo dalla marinata e infilateli negli spiedini.
- Quando la griglia è preriscaldata, aprire il coperchio, mettere gli spiedini preparati sulla griglia, chiudere la griglia e affumicare per 4 minuti per lato fino a cottura.
- Al termine, trasferire gli spiedini in un piatto, cospargere con arachidi e pepe rosso e poi servire.

Nutrizione:

Calorie: 124   Proteine: 15,6g   Carboidrati: 1,7g   Grasso: 5,5g   Zucchero: 1g

Bistecca tomahawk

Preparazione: 10 minuti   **Cottura**: 1 Ora e 15 Minuti   **Porzioni**: 4

Ingredienti:

- 2 bistecche tomahawk
- Sale
- Per la gremolata:
- 2 cucchiai di menta tritata
- 1 mazzo di prezzemolo
- 1 limone, spremuto

- 1 cucchiaio di scorza di limone
- ½ cucchiaino di aglio tritato
- ¼ di cucchiaino di sale
- ⅛ cucchiaino di pepe nero macinato
- ¼ di tazza di olio d'oliva

Indicazioni:

- Accendere la griglia e impostare la temperatura a 105°C e lasciarla preriscaldare per un minimo di 5 minuti.
- Al termine, trasferire le bistecche in un piatto, lasciarle riposare per 15 minuti e, nel frattempo, cambiare la temperatura di affumicatura della griglia a 230°C e lasciarla

preriscaldare per un minimo di 10 minuti.
- Poi riportare le bistecche sulla griglia e cuocere per 7 minuti per lato fino a quando la temperatura interna raggiunge i 55°C.

Nutrizione:

Calorie: 361   Proteine: 19g   Carboidrati: 1g   Grasso: 31g   Zucchero: 0g

Bistecca arrostita al burro alla griglia

Preparazione: 10 minuti   **Cottura**: 40 minuti   **Porzioni**: 2

Ingredienti:
- 2 bistecche
- 2 cucchiai di senape
- 2 cucchiai di salsa di soia
- 4 cucchiai di burro, non salato, sciolto

Indicazioni:
- Accendere la griglia, riempire la tramoggia della griglia con il pellet, accendere la griglia utilizzando il pannello di controllo, selezionare 'smoke' sul quadrante della temperatura, o impostare la temperatura a 105°Ce lasciarla preriscaldare per un minimo di 15 minuti.
- Poi riportare le bistecche sulla griglia e cuocere per 3 minuti per lato fino a quando la temperatura interna raggiunge i 60°C.
- Trasferire le bistecche in un piatto, lasciare riposare per 5 minuti e poi servire.

Nutrizione:

Calorie: 409,8   Proteine: 29,7g   Carboidrati: 3,1g   Grasso: 30,8g   Zucchero: 2g

Bistecche di costata al peperoncino

Preparazione: 10 minuti   **Cottura**: 1 Ora   **Porzioni**: 4

Ingredienti:
- 4 bistecche di costata
- 1 cucchiaio di aglio tritato
- 1 cucchiaino di sale
- 1 cucchiaino di zucchero di canna
- 2 cucchiai di polvere di peperoncino rosso
- 1 cucchiaino di cumino macinato
- 2 cucchiai di salsa di soia

- 2 cucchiai di olio d'oliva

Indicazioni:

- Preparare il condimento e per farlo prendere una piccola ciotola, mettere tutti i suoi ingredienti in esso e poi mescolare fino a quando non si mescola.
- Spennellare il composto su tutti i lati della bistecca, strofinare bene poi mettere le bistecche in un sacchetto di plastica e lasciarle marinare per un minimo di 4 ore.
- Poi riportare le bistecche sulla griglia e cuocere per 3 minuti per lato fino a quando la temperatura interna raggiunge i 60°C.
- Trasferire le bistecche in un piatto, lasciare riposare per 5 minuti e poi servire.

Nutrizione:

Calorie: 293   Proteine: 32g   Carboidrati: 12g   Grasso: 0g   Zucchero: 7g

Costolette di manzo al barbecue

Preparazione: 15 minuti   **Cottura**: 10 Ore   **Porzioni**: 8

Ingredienti:

- 4 costolette di manzo
- ½ tazza di condimento per carne
- 1 tazza di succo di mela

Indicazioni:

- Accendere la griglia, riempire la tramoggia della griglia con traeger al gusto di mela, accendere la griglia usando il pannello di controllo, selezionare "fumo" sul quadrante della temperatura, o impostare la temperatura a 105°Ce lasciarla preriscaldare per un minimo di 15 minuti.
- Nel frattempo, preparare le costolette, e per farlo cospargere il condimento per carne su entrambi i lati fino a quando sembrerà ben rivestito.
- Quando la griglia è preriscaldata, aprire il coperchio, mettere le costolette sulla griglia con l'osso verso il basso, chiudere la griglia e affumicare per 10 ore finché la temperatura interna raggiunge i 95°C spruzzando con succo di mela ogni ora.
- Al termine, trasferire le costole su un tagliere, lasciare riposare per 10 minuti, poi tagliare a fette e servire.

Nutrizione:

Calorie: 280   Proteine: 20g   Carboidrati: 17g   Grasso: 15g   Zucchero: 2g

Insalata di manzo tailandese

Preparazione: 10 minuti   **Cottura**: 10 Minuti   **Porzioni**: 4

Ingredienti:

- 675 gr di bistecca alla griglia
- 1 ½ cucchiaino di sale
- 1 cucchiaino di pepe bianco macinato
- 4 peperoni jalapeño, tritati
- ½ cucchiaino di aglio tritato
- 4 cucchiai di salsa di pesce tailandese
- 4 cucchiai di succo di lime
- 1 cucchiaio di zucchero di canna:
- 1 piccola cipolla rossa, sbucciata, tagliata sottile
- 6 pomodori ciliegia, dimezzati
- 2 cipolle verdi, tagliate a dadini
- 1 cetriolo, senza semi, tagliato sottile
- 1 cuore di lattuga romana, tritato
- ½ tazza di menta tritata
- 2 cucchiai di coriandolo
- ½ cucchiaino di fiocchi di pepe rosso
- 1 cucchiaio di succo di lime
- 2 cucchiai di salsa di pesce

Indicazioni:

- Accendere la griglia, riempire la tramoggia della griglia con traeger aromatizzati alla ciliegia, accendere la griglia utilizzando il pannello di controllo, selezionare "fumo" sul quadrante della temperatura, o impostare la temperatura a 230°Ce lasciarla preriscaldare per un minimo di 15 minuti.
- Prendete un'insalatiera grande metteteci tutti gli ingredienti per l'insalata, irroratela con il condimento e mescolatela bene.
- Al termine, trasferire la bistecca su un tagliere, lasciarla riposare per 10 minuti e poi tagliarla a fette.
- Aggiungere le fette di bistecca nell'insalata, mescolare fino ad amalgamare, e poi servire.

Nutrizione:

Calorie: 128   Proteine: 12g   Carboidrati: 6g   Grasso: 6g   Zucchero: 2g

Manzo sfilacciato affumicato

Preparazione: 20 minuti   **Cottura**: 6 Ore   **Porzioni**: 6

Ingredienti:

- 2 kg di arrosto di punta di controfiletto di manzo
- ½ tazza di condimento per carne da cuocere sul barbecue
- 2 bottiglie di birra ambrata
- 1 bottiglia di salsa barbecue

Indicazioni:

- Girate la vostra griglia sull'impostazione di fumo e poi tagliate il grasso in eccesso dalla bistecca.
- Rivestire la bistecca con il condimento per carne e lasciarla fumare sulla griglia per 1 ora.
- Continuare a cuocere e girare la bistecca per le prossime 3 ore. Trasferire la bistecca in un recipiente di brasatura. Aggiungere le birre.
- Brasare la carne di manzo fino a quando è tenera poi trasferirla su un piatto da portata riservando 2 tazze di liquido di cottura.
- Usare un paio di forchette per sminuzzare il manzo e rimetterlo nella padella. Aggiungere il liquido riservato e la salsa barbecue. Mescolare bene e tenere in caldo prima di servire.

Nutrizione:

Calorie: 128   Proteine: 12g   Carboidrati: 6g   Grasso: 6g   Zucchero: 2g

Controfiletto essiccato

Preparazione: 15 minuti   **Cottura**: 5 Ore   **Porzioni**: 10

Ingredienti:

- 1,5 kg di bistecche di controfiletto, tagliate a fettine
- 2 tazze di salsa di soia
- ½ tazza di zucchero di canna
- 1 tazza di succo d'ananas
- 2 cucchiai di salsa chili piccante
- 2 cucchiai di pepe rosso in fiocchi
- 2 cucchiai di glassa per carne (tipicamente cinese)
- 2 cucchiai di polvere di cipolla
- 2 cucchiai di aceto di vino di riso
- 2 cucchiai di aglio tritato

Indicazioni:

- Mescolare tutti gli ingredienti in un sacchetto e sigillarlo. Mescolare fino a quando il manzo è ben rivestito. Assicurarsi di ottenere quanta più aria possibile dal sacchetto.

- Mettere il sacchetto in frigorifero durante la notte per lasciarlo marinare. Togliere il sacchetto dal frigo 1 ora prima della cottura.
- Avviate la vostra griglia di legno e impostatela sull'affumicatura. Disponi la carne sulla griglia con uno spazio di 1 cm tra di loro.
- Lasciateli cuocere per 5 ore girando ogni 2 ore e mezza.
- Trasferire dalla griglia e lasciare raffreddare per 30 minuti prima di servire.

Nutrizione:

Calorie: 80   Proteine: 14g   Carboidrati: 5g   Grasso: 1g   Zucchero: 5g

Bistecca di manzo scottata al contrario

Preparazione: 10 minuti   **Cottura**: 10 minuti   **Porzioni**: 2

Ingredienti:
- 750 gr di bistecca
- 1 cucchiaio di sale
- ½ cipolla in polvere
- ¼ di cucchiaio di aglio in polvere
- ½ pepe nero, macinato grossolanamente

Indicazioni:
- Preriscalda la tua griglia a 105°C.
- Mescolare in una ciotola sale, cipolla in polvere, aglio in polvere e pepe. Strofinare generosamente la bistecca con la miscela.
- Mettete le bistecche sulla griglia preriscaldata, chiudete il coperchio e lasciate cuocere la bistecca.
- Alzate la griglia ad alta temperatura e lasciatela riscaldare. La bistecca deve essere tolta dalla griglia e coperta con un foglio di alluminio per mantenerla calda.
- Una volta che la griglia è riscaldata a 230°C, rimettere la bistecca e grigliare per 3 minuti per lato.
- Togliere dal fuoco, tamponare con il burro e servire. Buon appetito.

Nutrizione:

Calorie: 112   Proteine: 16g   Carboidrati: 0g   Grasso: 5g   Zucchero: 0g

Filetto di manzo affumicato

Preparazione: 15 minuti   **Cottura**: 12 Ore   **Porzioni**: 6

Ingredienti:

- 1 cucchiaio di salsa di soia
- 1 cucchiaio di condimento per carne
- 1 cucchiaio di aromi per carne
- 2,5 kg di filetto di manzo
- 1 tazza di brodo di carne

Indicazioni:

- Mescolare in una ciotola la salsa di soia e gli aromi per carne, poi strofinare la miscela sulla carne.
- Preriscaldare la griglia a 80°C con il coperchio chiuso per 15 minuti. Puoi usare il superfumo se lo desideri.
- Mettere la carne sulla griglia e grigliare per 6 ore o fino a quando la temperatura interna raggiunge i 70°C.
- Togliere la carne dalla griglia e avvolgerla due volte con un foglio di alluminio.
- Aggiungere il brodo di carne e tornare alla griglia con la temperatura aumentata a 105°C. Cuocere per 4 ore o fino a quando la temperatura interna raggiunge i 95°c.
- Togliere dalla griglia e lasciare riposare per 30 minuti. Servire e gustare con la vostra salsa barbeque preferita.

Nutrizione:

Calorie: 200   Proteine: 14g   Carboidrati: 0g   Grasso: 14g   Zucchero: 0g

Bistecca di manzo con burro alla griglia

Preparazione: 15 minuti   **Cottura**: 40 Minuti   **Porzioni**: 4

Ingredienti:

- 4 cucchiai di burro fuso
- 2 cucchiai di salsa di soia
- 2 cucchiai di senape
- Insaporitore per costine

Indicazioni:

- Imposta la tua griglia a 105°C con il coperchio chiuso per 15 minuti.
- In una ciotola, mescolare il burro, la salsa, la senape fino ad ottenere un composto omogeneo. Spennellare il composto sulla carne poi condire con l'insaporitore.
- Disporre la carne sulla griglia e cuocere per 30 minuti.
- Usare le pinze per trasferire la carne in un piatto e poi aumentare il calore ad alta quota.
- Rimettete la carne sulla griglia e grigliate fino a raggiungere la cottura desiderata.
- Imbastire di nuovo con la miscela di burro se si desidera e lasciare riposare per 3 minuti prima di servire. Buon appetito.

Nutrizione:

Calorie: 726   Proteine: 36g   Carboidrati: 1g   Grasso: 62g   Zucchero: 1g

Arrosto speziato di prima scelta

Preparazione: 5 minuti   **Cottura**: 4 Ore   **Porzioni**: 10

Ingredienti:
- Arrosto con osso di prima scelta da 3 kg

Indicazioni:
- Rivestire generosamente l'arrosto con il condimento poi avvolgerlo in una pellicola di plastica. lasciare riposare in frigorifero per 24 ore per marinare.
- Impostare la temperatura a 260°C per preriscaldare con il coperchio chiuso per 15 minuti.
- Mettere la carne direttamente sulla griglia con il lato grasso in alto e cuocere per 30 minuti.
- Ridurre la temperatura a 150°C e cuocere per 4 ore o fino a quando la temperatura interna è 50°C al sangue, 55°C mezza cottura e 65°C ben cotta.
- Togliete dalla griglia e lasciate riposare per 30 minuti, poi servite e gustate.

Nutrizione:

Calorie: 290   Proteine: 19g   Carboidrati: 0g   Grasso: 23g   Zucchero: 0g

Bistecca alla griglia in crosta di cacao

Preparazione: 15 minuti   **Cottura**: 6 minuti   **Porzioni**: 7

Ingredienti:
- 1 cucchiaio di cacao in polvere
- 2 cucchiai di peperoncino in polvere
- 1 cucchiaio di polvere di peperoncino chipotle
- ½ cucchiaio di aglio in polvere
- ½ cucchiaio di polvere di cipolla
- 1-½ cucchiaio di zucchero di canna
- 1 cucchiaio di cumino
- 1 cucchiaio di paprika affumicata
- 1 cucchiaio di sale di Cervia
- ½ cucchiaio di pepe nero
- Olio d'oliva
- 2 kg di bistecca di manzo

Indicazioni:
- Sbattere insieme cacao, peperoncino in polvere, aglio in polvere, cipolla in polvere, zucchero, cumino, paprika, sale e pepe in una terrina.

- Irrorare la bistecca con l'olio e poi strofinare con la miscela di cacao su entrambi i lati.
- Preriscalda la tua griglia per 15 minuti con il coperchio chiuso.
- Cuocere la carne sulla griglia per 5 minuti o finché la temperatura interna raggiunge i 60°C.
- Togliere la carne dalla griglia e lasciarla raffreddare per 15 minuti per permettere ai succhi di ridistribuirsi.
- Affettare la carne controcorrente e su una diagonale netta.

Nutrizione:

Calorie: 420   Proteine: 3g   Carboidrati: 7g   Grasso: 26g   Zucchero: 7g

Spinacino di manzo arrosto

Preparazione: 15 minuti   **Cottura**: 4 Ore   **Porzioni**: 7

Ingredienti:
- 1,3 kg di spinacino di manzo arrosto
- ⅛ tazza di caffè, macinato
- ¼ di tazza di insaporitore per carne

Indicazioni:
- Preriscaldare la griglia a 80°C con il coperchio chiuso per 15 minuti.
- Nel frattempo, strofinare l'arrosto con caffè e manzo. Mettere l'arrosto sulla griglia e fumare per 3 ore.
- Togliere l'arrosto dalla griglia e avvolgerlo due volte con un foglio di alluminio. Aumentare la temperatura a 135°C.
- Rimettete la carne sulla griglia e lasciate cuocere per 90 minuti o fino a quando la temperatura interna raggiunge i 60°C.
- Toglietelo dalla griglia, srotolatelo e lasciatelo riposare per 10 minuti prima di servirlo.

Nutrizione:

Calorie: 245   Proteine: 23g   Carboidrati: 7g   Grasso: 14g   Zucchero: 0g

Carne di manzo essiccata con salsa Teriyaki

Preparazione: 15 minuti   Cottura: 5 Ore   Porzioni: 10

Ingredienti:
- 3 tazze di salsa di soia
- Salsa Teriyaki
- 2 tazze di zucchero di canna
- 3 spicchi d'aglio

- zenzero
- 1 cucchiaio di olio di sesamo
- 2 kg di manzo

Indicazioni:

- Mettere tutti gli ingredienti tranne la carne in un robot da cucina per mescolare bene il tutto.
- Tagliare il grasso in eccesso dalla carne e tagliarla a fette sottili. Aggiungere la bistecca con la marinata in un sacchetto richiudibile e lasciare marinare per 12-24 ore in frigorifero.
- Impostare la griglia su fumo e lasciare preriscaldare per 5 minuti.
- Disporre le bistecche sulla griglia lasciando uno spazio tra ciascuna. Lasciare affumicare per 5 ore.
- Togliere la bistecca dalla griglia e servire quando è calda.

Nutrizione:

Calorie: 80   Proteine: 11g   Carboidrati: 6g   Grasso: 1g   Zucchero: 6g

Costata di manzo alla griglia con burro

Preparazione: 20 minuti   Cottura: 20 minuti   Porzioni: 4

Ingredienti:

- 2 bistecche di costata con l'osso
- Sale e pepe qb
- 4 cucchiai di burro non salato

Indicazioni:

- Mescolare la bistecca, il sale e il pepe in un sacchetto richiudibile. Sigillare il sacchetto e mescolare fino a quando il manzo è ben rivestito. Assicurarsi di ottenere quanta più aria possibile dal sacchetto Ziploc.
- Impostare la temperatura della griglia su alta con coperchio chiuso per 15 minuti. Mettere una ghisa nella griglia.
- Mettere le bistecche sul punto più caldo della griglia e cuocere per 5 minuti con il coperchio chiuso.
- Aprire il coperchio e aggiungere il burro alla padella. Quando è quasi sciolto, mettete la bistecca sulla padella con il lato grigliato verso l'alto.
- Cuocere per 5 minuti spennellando la carne con il burro. Chiudere il coperchio e cuocere fino a quando la temperatura interna è di 55°C.
- Togliere la bistecca dalla padella e lasciarla riposare per 10 minuti prima di gustarla con il burro riservato.

Nutrizione:

Calorie: 745   Proteine: 35g   Carboidrati: 0g   Grasso: 65g   Zucchero: 0g

Brisket affumicato

Preparazione: 20 minuti   Cottura: 9 Ore   Porzioni: 6

Ingredienti:

- 2 cucchiai di aglio in polvere
- 2 cucchiai di polvere di cipolla
- 2 cucchiai di paprika
- 2 cucchiai di peperoncino in polvere

- 1/3 tazza di sale
- 1/3 tazza di pepe nero
- 5,5 kg di petto intero
- 1-½ tazza di brodo di manzo

Indicazioni:

- Impostare la temperatura del grill a 105°C. Lascia preriscaldare per 15 minuti con il coperchio chiuso.
- Nel frattempo mescolare aglio, cipolla, paprika, peperoncino, sale e pepe in una ciotola.
- Condire la punta di petto generosamente su tutti i lati.
- Mettere la carne sulla griglia con il lato grasso verso il basso e lasciarla raffreddare fino a quando la temperatura interna raggiunge i 70°C.
- Togliere la carne dalla griglia e avvolgerla due volte con un foglio di alluminio. Rimetterla sulla griglia e cuocere fino a quando la temperatura interna raggiunge i 95°C.
- Togliere dalla griglia, scartare la punta di petto e lasciare riposare per 15 minuti.
- Tagliare a fette e servire.

Nutrizione:

Calorie: 270   Proteine: 20g   Carboidrati: 1g   Grasso: 20g   Zucchero: 1g

Bistecche di costata affumicata Traeger

Preparazione: 15 minuti   Cottura: 35 minuti   Porzioni: 1

Ingredienti:

- Bistecche di costata spesse 5 cm

Indicazioni:

- Preriscaldate la vostra griglia a fuoco lento.
- Cospargete la bistecca con il vostro condimento preferito e mettetela sulla griglia.

Lasciatela fumare per 25 minuti.

- Togliere la bistecca dalla griglia e impostare la temperatura a 200°C.
- Riportare la bistecca sulla griglia e scottarla per 5 minuti su ogni lato.
- Cuocere fino a raggiungere la temperatura desiderata: 50°C al sangue, 65°C mezza cottura e 75°C ben cotte.
- Avvolgere la bistecca con un foglio di alluminio e lasciare riposare per 10 minuti prima di servire. Buon appetito.

Nutrizione:

Calorie: 225   Proteine: 32,5g   Carboidrati: 0g   Grasso: 10,4g   Zucchero: 0g

Suggerimento di viaggio affumicato con Java Chophouse

Preparazione: 10 minuti   Cottura: 90 minuti   Porzioni: 4

Ingredienti:
- 2 cucchiai di olio d'oliva
- 2 cucchiai di condimento java chophouse
- 1 kg di, tappo di grasso e pelle argentata rimossi

Indicazioni:
- Avviate la vostra griglia e il vostro affumicatore e impostate la temperatura a 105°C.
- Strofinare l'arrosto con olio d'oliva e condimenti e metterlo sulla griglia dell'affumicatore.
- Affumicare fino a quando la temperatura interna è di 60°C.
- Togliere la trippa dal fumatore e lasciarla riposare per 10 minuti prima di servirla. Buon appetito.

Nutrizione:

Calorie: 270   Proteine: 23g   Carboidrati: 0g   Grasso: 7g   Zucchero: 0g

Arrosto di manzo

Preparazione: 5 minuti   Cottura: 3 Ore   Porzioni: 7

Ingredienti:

- 1,5 kg di bistecca di girello
- 3 cucchiai di olio vegetale
- 2 tazze di brodo di manzo
- 1 patata sbucciata e tagliata a fette

- 2 carote, pelate e affettate
- 2 gambi di sedano, tritati
- 1 cipolla, affettata
- 2 rametti di timo

Indicazioni:

- Strofinare l'arrosto con olio vegetale e metterlo sul lato grasso dell'arrosto. Condire con le costolette, poi versare il brodo di manzo.
- Impostare la temperatura a 250°C e preriscaldare la griglia traeger per 15 minuti con il coperchio chiuso.
- Cuocere per 30 minuti o fino a quando l'arrosto è ben scottato.
- Ridurre la temperatura a 105°C. Aggiungere le verdure e il timo e coprire con la pellicola. Cuocere per altre 3 ore fino a quando la temperatura interna raggiunge i 60°C.
- Togliere dalla griglia e lasciare riposare per 10 minuti. Tagliare a fette controcorrente e servire con le verdure e il condimento.

Nutrizione:

Calorie: 697   Proteine: 34g   Carboidrati: 18g   Grasso: 10g   Zucchero: 14g

Carpaccio di manzo cotto alla griglia

Preparazione: 15 minuti   Cottura: 4 Ore   Porzioni: 2

Ingredienti:

- 2 kg di arrosto a fondo tondo
- 1 cucchiaio di olio di cocco
- ¼ di cucchiaio di aglio in polvere
- ¼ di cucchiaio di polvere di cipolla
- ¼ di cucchiaio di timo

- ¼ di cucchiaio di origano
- ½ cucchiaio di paprika
- ½ cucchiaio di sale
- ½ cucchiaio di pepe nero

Indicazioni:

- Combinare tutti le erbe per creare un condimento secco.
- Rotolare l'arrosto nell'olio e poi ricoprirlo con le erbe.
- Imposta la tua griglia a 85°C e metti l'arrosto sulla griglia.
- Affumicare per 4 ore o fino a quando la temperatura interna raggiunge i 60°C.
- Togliere l'arrosto dalla griglia e lasciarlo riposare per 10 minuti.
- Tagliare a fette sottili e servire.

Nutrizione:

Calorie: 90   Proteine: 14g   Carboidrati: 0g   Grasso: 3g   Zucchero: 0g

Carne essiccata

Preparazione: 15 minuti   Cottura: 5 Ore   Porzioni: 10

Ingredienti:

- 2,5 kg di bistecche di controfiletto
- 2 tazze di salsa di soia
- 1 tazza di succo d'ananas
- ½ tazza di zucchero di canna
- 2 cucchiai di glassa cinese per carne
- 2 cucchiai di salsa chili piccante
- 2 cucchiai di pepe rosso in fiocchi
- 2 cucchiai di aceto di vino di riso
- 2 cucchiai di polvere di cipolla

Indicazioni:

- Mescolare la marinata in un sacchetto richiudibile e aggiungere il manzo. Mescolare fino a quando non è ben rivestito e rimuovere quanta più aria possibile.
- Mettere il sacchetto in frigorifero e lasciare marinare per una notte o per 6 ore in base alle vostre esigenze. Togliere il sacchetto dal frigorifero un'ora prima della cottura
- Avviare la grigliam e impostarla sulle impostazioni di affumicatura a 85°C.
- Stendere la carne sulla griglia lasciando uno spazio di mezzo centimetro tra i pezzi. Lasciare raffreddare per 5 ore e girare dopo 2 ore.
- Togliere dalla griglia e lasciare raffreddare. Servire o conservare in frigo.

Nutrizione:

Calorie: 309   Proteine: 34g   Carboidrati: 20g   Grasso: 7g   Zucchero: 15g

Arrosto di manzo affumicato

Preparazione: 10 minuti   Cottura: 6 Ore   Porzioni: 6

Ingredienti:

- 750 gr di arrosto di punta di controfiletto di manzo
- ½ tazza di insaporitore per carne
- 2 bottiglie di birra ambrata
- 1 bottiglia di salsa BBQ

Indicazioni:

- Strofinare il manzo con l'insaporitore fino a quando risulterà ben rivestito e poi metterlo sulla griglia. Lasciare fumare per 4 ore, girando ogni ora.
- Trasferire il manzo in una padella e aggiungere la birra. Il manzo dovrebbe essere coperto per metà.
- Brasare il manzo fino a renderlo tenero alla forchetta. Ci vorranno 3 ore sul fornello e 1 ora sulla pentola istantanea.
- Togliere il manzo dal bando e riservare 1 tazza del liquido di cottura.
- Usare 2 forchette per sminuzzare il manzo in piccoli pezzi e rimetterlo nella padella con il liquido di brasatura riservato.
- Aggiungere la salsa BBQ e mescolare bene, poi tenere in caldo fino al momento di servire. Si può anche riscaldare se si dovesse raffreddare.

Nutrizione:

Calorie: 829   Proteine: 86g   Carboidrati: 4g   Grasso: 46g   Zucchero: 0g

Filetto di manzo alla griglia

Preparazione: 10 minuti   Cottura: 45 Minuti   Porzioni: 6

Ingredienti:

- 2 kg di filetto di manzo

- 3 cucchiai di insaporitore per carne
- 1 cucchiaio di sale

Indicazioni:
- Preriscaldare la griglia a fuoco alto.
- Nel frattempo, tagliare il grasso in eccesso dal manzo e tagliarlo in 3 pezzi.
- Rivestire la bistecca con l'insaporitore e il sale kosher. Mettetela sulla griglia.
- Chiudere il coperchio e cuocere per 10 minuti. Aprire il coperchio, girare il manzo e cuocere per altri 10 minuti.
- Ridurre la temperatura della griglia fino a 105° e affumicare il manzo fino a quando la temperatura interna raggiunge i 55°C.
- Togliere il manzo dalla griglia e lasciarlo riposare per 15 minuti prima di affettarlo e servirlo.

Nutrizione:

Calorie: 999   Proteine: 74g   Carboidrati: 0g   Grasso: 76g   Zucchero: 0g

Bistecca di manzo alla griglia

Preparazione: 5 minuti   Cottura: 15 Minuti   Porzioni: 6

Ingredienti:
- 3 strisce di bistecche di manzo
- Sale e pepe

Indicazioni:
- Se la bistecca è in frigo, toglierla 30 minuti prima della cottura.
- Preriscaldare la griglia a 230°C.
- Nel frattempo, condite generosamente la bistecca con sale e pepe. Mettetela sulla griglia e lasciatela cuocere per 5 minuti per lato o fino a quando la temperatura interna raggiunge i 55°C.
- Togliere la bistecca dalla griglia e lasciarla riposare per 10 minuti.

Nutrizione:

Calorie: 198   Proteine: 17g   Carboidrati: 0g   Grasso: 14g   Zucchero: 0g

Peperoni ripieni

Preparazione: 20 minuti   Cottura: 5 Ore   Porzioni: 6

Ingredienti:

- 3 peperoni, tagliati a metà
- 450 gr di manzo macinato, magro
- 1 cipolla, tritata
- ½ cucchiaio di fiocchi di pepe rosso
- ½ cucchiaio di sale
- ¼ di cucchiaio di pepe
- ½ cucchiaio di aglio in polvere

- ½ cucchiaio di polvere di cipolla
- ½ tazza di riso bianco
- 15 once di pomodori stufati
- Salsa di pomodoro
- Cavolo tagliuzzato
- 1-½ tazza d'acqua
- cheddar

Indicazioni:

- Disporre le metà dei peperoni su una teglia da forno e mettere da parte.
- Preriscaldare la griglia a 160°C.
- Rosolare la carne in una grande padella. Aggiungere le cipolle, i fiocchi di pepe, il sale, il pepe, l'aglio e la cipolla e cuocere fino a quando la carne è ben cotta.
- Aggiungere il riso, i pomodori stufati, la salsa di pomodoro, il cavolo e l'acqua. Coprire e cuocere a fuoco lento finché il riso è ben cotto, il cavolo è tenero e non c'è più acqua nel riso.
- Mettere il composto di manzo cotto nelle metà dei peperoni e coprire con il formaggio.
- Mettere nella griglia e cuocere per 30 minuti.
- Servite immediatamente e godetevelo.

Nutrizione:

Calorie: 422   Proteine: 34g   Carboidrati: 24g   Grasso: 22g   Zucchero: 11g

Arrosto di costata

Preparazione: 10 minuti   Cottura: 2 Ore   Porzioni: 9

Ingredienti:

- 450 gr di arrosto di costata, senza osso
- 4 cucchiai di sale
- 1 cucchiaio di pepe nero
- 1-½ cucchiaio di polvere di cipolla
- 1 cucchiaio di aglio granulato
- 1 cucchiaio di rosmarino
- 1 tazza di cipolla tritata
- ½ tazza di carote, tritate
- ½ tazza di sedano, tritato
- 2 tazze di brodo di manzo

Indicazioni:

- Togliere il manzo dal frigorifero 1 ora prima della cottura.
- Preriscaldare la griglia a 120°C.
- In una piccola ciotola mescolate sale, pepe, cipolla, aglio e rosmarino per creare il vostro rub.
- Rivestire generosamente l'arrosto con il condimento per carnee metterlo da parte.
- Unire le cipolle, le carote e il sedano tritati in una tortiera, poi metterci sopra l'ape.
- Mettere la tortiera al centro della griglia e cuocere per 1 ora.
- Versare il brodo di manzo sul fondo della tortiera e cuocere fino a quando la temperatura interna raggiunge i 45°C.
- Togliere la tortiera dalla griglia e lasciare riposare per 20 minuti prima di tagliare la carne.
- Versare il succo di cottura attraverso un colino, poi scremare il grasso in cima.
- Servire l'arrosto con il fondo di cottura.

Nutrizione:

Calorie: 721   Proteine: 43g   Carboidrati: 3g   Grasso: 60g   Zucchero: 1g

Costolette di manzo Kalbi

Preparazione: 10 minuti   Cottura: 6 Ore   Porzioni: 6

Ingredienti:

- 1 kg di costole di manzo, tagliate sottili
- ½ tazza di salsa di soia
- ½ tazza di zucchero di canna
- ⅛ tazza di vino di riso
- 2 cucchiai di aglio tritato
- 1 cucchiaio di olio di sesamo
- ⅛ tazza di cipolla, finemente grattugiata

Indicazioni:

- Mescolare salsa di soia, zucchero, vino di riso, aglio, olio di sesamo e cipolla in una ciotola media.
- Aggiungere il manzo alla ciotola e coprirlo nella marinata. Coprire la ciotola con una pellicola di plastica e mettere in frigo per 6 ore.
- Riscaldate il vostro grill a livello alto e assicuratevi che la griglia sia ben riscaldata.
- Mettete la carne marinata sulla griglia e chiudete il coperchio assicurandovi di non perdere calore.
- Cuocere per 4 minuti, girare e cuocere per altri 4 minuti sull'altro lato.
- Togliere la carne e servire con riso e verdure a scelta. Buon appetito.

Nutrizione:

Calorie: 355   Proteine: 28g   Carboidrati: 22g   Grasso: 10g   Zucchero: 19g

Lecca lecca di costolette di manzo

Preparazione: 10 minuti   Cottura: 6 Ore   Porzioni: 6

Ingredienti:

- 4 lecca leccadi costolette di manzo
- Insaporitore di carne
- Salsa barbecue

Indicazioni:

- Preriscalda la tua griglia a 135°C.
- Condire le costolette con l'insaporitore e metterle sulla griglia.
- Cuocere per 4 ore girando di tanto in tanto fino a quando la carne è tenera.
- Applicare la salsa alla carne negli ultimi 30 minuti di cottura.
- Servire e gustare.

Nutrizione:

Calorie: 265   Proteine: 22g   Carboidrati: 1g   Grasso: 19g   Zucchero: 1g

Controfiletto di manzo alla griglia

Preparazione: 10 minuti   Cottura: 1 Ora e 30 minuti   Porzioni: 6

Ingredienti:

- 1,5 kg di controfiletto di manzo
- 1-½ cucchiaio di sale
- 1 cucchiaio di pepe nero
- 1 cucchiaio di paprika
- ½ cucchiaio di Caienna
- 1 cucchiaio di polvere di cipolla
- 1 cucchiaio di aglio in polvere

Indicazioni:

- Preriscalda la tua griglia a 120°C.
- Mescolare le varie spezie e condire la carne
- Cuocete il controfiletto sulla griglia per 30 minuti. Girate e cuocete per altri 30 minuti.
- Alzare il fuoco e cuocere per altri 30 minuti. Tirare fuori la carne a 45°C per una cottura aò sangue e 60°C per una cottura media.
- Lasciate riposare la carne per 10 minuti prima di affettarla e servirla.

Nutrizione:

Calorie: 484   Proteine: 59g   Carboidrati: 1g   Grasso: 25g   Zucchero: 0g

Filetto di manzo in crosta di mandorle alla griglia

Preparazione: 15 minuti   Cottura: 55 minuti   Porzioni: 4

Ingredienti:

- 1 kg di filetto di manzo
- Sale e pepe qb
- ¼ di tazza di olio d'oliva
- ⅓ tazza di cipolla, tritata molto finemente
- 2 cucchiai di curry in polvere
- 1 tazza di brodo di pollo
- 1 cucchiaio di senape
- ¼ di tazza di mandorle tritate grossolanamente

Indicazioni:
- Strofinare il filetto di manzo con sale e pepe.
- In una ciotola combinare olio d'oliva, cipolla, curry, brodo di pollo, senape e mandorle.
- Strofinare la carne di manzo generosamente con la miscela di curry.
- Avviate la vostra griglia, impostate la temperatura su High e preriscaldate, con il coperchio chiuso, per 10-15 minuti.
- Come regola generale, si dovrebbero grigliare le bistecche a fuoco alto (230-250°C).
- Grigliate circa 7-10 minuti per lato ad alte temperature o 15-20 minuti per lato a temperature più basse, o secondo le vostre preferenze di cottura.
- Togliere la carne dalla griglia e lasciarla raffreddare per 10 minuti.
- Servire caldo.

Nutrizione:

Calorie: 479,33   Proteine: Carboidrati: 4,05g   Grasso: 34,54g   Zucchero: 2g
                   36,82g

Filetto di manzo alla griglia condito con erbe

Preparazione: 15 minuti   Cottura: 1 Ora   Porzioni: 6

Ingredienti:
- 900 gr di filetto di manzo
- Sale e pepe a piacere
- 2 cucchiai di olio d'oliva
- ¼ di tazza di prezzemolo, fresco e tritato
- ¼ di tazza di foglie di origano, fresco e tritato
- 2 cucchiai di basilico, fresco e tritato
- 2 cucchiai di foglie di rosmarino, fresche e tritate
- 3 spicchi d'aglio, schiacciati

Indicazioni:
- Condire l'arrosto di manzo con sale e pepe e metterlo in un piatto poco profondo.
- In una ciotola media combinare olio d'oliva, prezzemolo tritato, basilico, origano, rosmarino, aglio e olio. Strofinare la carne con la miscela di erbe da entrambi i lati
- Portate la carne a temperatura ambiente 30 minuti prima di metterla sulla griglia.
- Avviate la vostra griglia, impostate la temperatura su High e preriscaldate, con il coperchio chiuso, per 10-15 minuti.
- Come regola generale, si dovrebbero grigliare le bistecche a fuoco alto (230-250°C).
- Grigliate circa 7-10 minuti per lato ad alte temperature o 15-20 minuti per lato a

temperature più basse, o secondo le vostre preferenze di cottura.

- Quando è pronto, lasciare riposare la carne per 10 minuti, affettare e servire.

Nutrizione:

Calorie: 427,93   Proteine: 30,8g   Carboidrati: 3,78g   Grasso: 31,8g   Zucchero: 2g

Bistecca di manzo alla griglia con melassa e aceto balsamico

Preparazione: 8 ore   Cottura: 50 minuti   Porzioni: 8

Ingredienti:

- 1 kg di bistecca di manzo grass fed
- Sale e pepe macinato
- 2 cucchiai di melassa

- 1 tazza di brodo di manzo
- 1 cucchiaio di aceto di vino rosso
- 1 cucchiaio di aceto balsamico

Indicazioni:

- Mettere una bistecca di manzo in un piatto grande.
- Combinare il brodo di manzo, la melassa, l'aceto di vino rosso e l'aceto balsamico in una ciotola.
- Coprire e mettere in frigo fino a 8 ore.
- 30 minuti prima di grigliare, togliere le bistecche dal frigorifero e lasciarle riposare a temperatura ambiente.
- Avviate la vostra griglia, impostate la temperatura su High e preriscaldate, con il coperchio chiuso, per 10-15 minuti.
- Grigliate circa 7-10 minuti per lato a temperature alte o 15-20 minuti per lato a temperature più basse.
- Trasferire la carne in un piatto da portata e lasciare riposare circa 10 minuti.
- Servire caldo.

Nutrizione:

Calorie: 295,3   P r o t e i n e :   Carboidrati: 6,55g   Grasso: 6,21g   Zucchero: 2g
                  52,89g

Bistecca di manzo alla griglia con olio di arachidi ed erbe

Preparazione: 4 ore e 45   Cottura: 55 minuti   Porzioni: 6
minuti

Ingredienti:

- 2 kg di bistecca di manzo
- 1 cucchiaino di sale marino
- 2 cucchiai di olio di arachidi
- ¼ di olio d'oliva

- 2 cucchiai di foglie di menta fresca, tritate finemente
- 2 cucchiaini di pepe nero
- 2 cucchiaini di pepe verde

- ½ cucchiaino di semi di cumino
- 1 pizzico di fiocchi di peperoncino

Indicazioni:

- Strofinare le bistecche di manzo con sale grosso e metterle in un piatto grande.
- Preparare una marinata quindi unire in una ciotola l'olio di arachidi, l'olio d'oliva, la menta fresca, il pepe in grani, il cumino e i fiocchi di peperoncino.
- Coprire e mettere in frigo per 4 ore.
- Portate la carne a temperatura ambiente 30 minuti prima di metterla sulla griglia.
- Avviate la vostra griglia, impostate la temperatura su High e preriscaldate, con il coperchio chiuso, per 10-15 minuti.
- Come regola generale si dovrebbero grigliare le bistecche a fuoco alto (230-250°C).
- Grigliate circa 7-10 minuti per lato ad alte temperature o 15-20 minuti per lato a temperature più basse, o secondo le vostre preferenze di cottura.
- Togliere la bistecca dalla griglia e lasciarla raffreddare prima di affettarla per 10-15 minuti.
- Tagliare a fette e servire.

Nutrizione:

Calorie: 346,3 Proteine: 32,38g Carboidrati: 0,21g Grasso: 15,15g Zucchero: 0g

Bistecche di manzo alla griglia con salsa di birra e miele

Preparazione: 15 minuti   Cottura: 55 minuti   Porzioni: 4

Ingredienti:

- 4 bistecche di manzo
- Sale e pepe qb
- 1 tazza di birra
- 1 cucchiaino di timo

- 1 cucchiaio di miele
- Succo di 1 limone
- 2 cucchiai di olio d'oliva

Indicazioni:

- Condire le bistecche di manzo con sale e pepe.
- In una ciotola, combinare la birra, il timo, il miele, il succo di limone e l'olio d'oliva.
- Strofinare generosamente le bistecche di manzo con la miscela di birra.
- Avviate la vostra griglia, impostate la temperatura su High e preriscaldate, con il coperchio chiuso, per 10-15 minuti.

- Come regola generale, si dovrebbero grigliare le bistecche a fuoco alto (230-250°C).
- Grigliate circa 7-10 minuti per lato a temperature alte o 15 minuti per lato a temperature più basse, o secondo le vostre preferenze di cottura.
- Togliere la carne dalla griglia e lasciarla raffreddare per 10 minuti.
- Servire.

Nutrizione:

Calorie: 355,77   Proteine: Carboidrati: 7,68g   Grasso: 12,57g   Zucchero: 4g
49,74g

Bistecca di manzo La Rochelle alla griglia con ananas al curry

Preparazione: 4 ore e 30 minuti   Cottura: 55 minuti   Porzioni: 4

Ingredienti:

- 675 gr di bistecca di manzo
- ¼ di tazza di olio d'oliva
- 8 once di pezzi di ananas in succo
- 3 cucchiai di curry in polvere
- 1 cucchiaio di gelatina di ribes rosso
- ½ cucchiaino di sale

Indicazioni:

- Mettere la bistecca in un piatto poco profondo.
- In una ciotola, unire l'olio d'oliva, i pezzi d'ananas in succo, la polvere di curry, la gelatina di ribes rosso, il sale e il pepe.
- Versare il composto sulla bistecca.
- Coprire e mettere in frigo per 4 ore.
- Portate la carne a temperatura ambiente 30 minuti prima di metterla sulla griglia.
- Avviate la vostra griglia, impostate la temperatura su High e preriscaldate, con il coperchio chiuso, per 10-15 minuti.
- Come regola generale, si dovrebbero grigliare le bistecche a fuoco alto (230-250°C).
- Grigliate circa 7-10 minuti per lato ad alte temperature o 15-20 minuti per lato a temperature più basse, o secondo le vostre preferenze di cottura.
- Togliere la bistecca dalla griglia e lasciarla raffreddare per 10 minuti.
- Servire caldo.

Nutrizione:

Calorie: 406,26   Proteine: 32,01g   Carboidrati: 10,41g   Grasso: 26,1g   Zucchero: 4g

Arrosto di spalla di vitello alla griglia con finocchio e timo

Preparazione: 15 minuti   Cottura: 55 minuti   Porzioni: 8

Ingredienti:

- 2 kg di. arrosto di spalla di vitello disossato
- 2 cucchiai di foglie di timo secco
- 1 finocchio fresco, tagliato sottile
- 2 cucchiai di timo fresco, tritato
- 3/4 cucchiai di sale e pepe bianco macinato
- 4 cucchiai di olio d'oliva
- ½ tazza di vino bianco

Indicazioni:

- Mettere la carne in un piatto grande e strofinare con sale e pepe.
- In una ciotola, unire timo, finocchio, sale e pepe, vino e olio.
- Poi strofinare nuovamente la carne con il composto fatto precedentemente.
- Avviate la vostra griglia, impostate la temperatura su High e preriscaldate, con il coperchio chiuso, per 10-15 minuti.
- Grigliate per circa 25 minuti ad alta temperatura o secondo le vostre preferenze di cottura.
- Togliere le braciole di vitello dalla griglia. Misurate la loro temperatura con il vostro termometro da carne. Le braciole di vitello dovrebbero avere una temperatura di 55°C per una cottura media o 60°C per una cottura media.
- Servire caldo.

Nutrizione:

Calorie: 322,71 P r o t e i n e : Carboidrati: 4,64g   Grasso: 12,14g   Zucchero: 2g
36,23g

Vitello alla griglia con crosta di senape e limone

Preparazione: 15 minuti   Cottura: 2 ore e 45 minuti   Porzioni: 8

Ingredienti:
- 450 gr di arrosto di vitello disossato
- 1 cucchiaio di senape
- 1 cucchiaio di succo di limone
- 1 cucchiaino di timo secco, schiacciato
- 1 cucchiaino di basilico secco, schiacciato
- 2 cucchiai di acqua
- ½ cucchiaino di sale grosso e pepe macinato
- ¼ di tazza di pangrattato

Indicazioni:
- Mettere la carne su una griglia in una teglia poco profonda.
- In una piccola ciotola mescolate insieme pangrattato, acqua, senape, succo di limone, basilico, timo e pepe. Distribuire il composto sulla superficie della carne.
- Avviate la vostra griglia, impostate la temperatura su High e preriscaldate, con il coperchio chiuso, per 10-15 minuti.
- Come regola generale le bistecche si dovrebbero grigliare a fuoco alto (230-250°C).
- Grigliate circa 7-10 minuti per lato ad alte temperature o 15-20 minuti per lato a temperature più basse in base anche alle vostre preferenze di cottura.
- Togliere la carne di vitello dalla griglia e lasciarla raffreddare per 10 minuti.

Nutrizione:

Calorie: 172   Proteine: 30g   Carboidrati: 4g   Grasso: 3g   Zucchero: 2g

Filetto di manzo con glassa all'aceto balsamico

Preparazione: 30 minuti   Cottura: 10 minuti   Porzioni: 6

Ingredienti:

- Riduzione balsamica
- 3-4 cucchiai di burro
- 1/3 tazze di zucchero di canna
- 3 cucchiai di rosmarino fresco tritato finemente

- 3 tazze di aceto balsamico
- 3 spicchi d'aglio, sbucciati e schiacciati
- Sale e pepe
- Filetto di manzo

Indicazioni:

- Preriscaldare la griglia a circa 120°C. Nella parte inferiore della griglia, cuocere la carne per circa sessanta minuti. Tenere d'occhio i filetti. Lasciare che i filetti raggiungano una temperatura media di 40°C.
- Estrarre la carne dalla griglia e lasciarla raffreddare. La prossima cosa da fare è aumentare il calore della griglia a circa 250°C per scottarla. Una volta fatto questo, mettere la carne sulla griglia e scottare ogni lato per circa un minuto.
- La temperatura finale del piatto dovrebbe essere di circa 55°C. Estrarre il filetto dalla griglia e lasciarlo raffreddare su un tagliere. Con un coltello da cuoco affilato, tagliare la carne a strisce. Prendere la riduzione balsamica e versarla sulla carne per comporre il piatto finale.

Nutrizione:

Calorie: 40   Proteine: 8g   Carboidrati: 0g   Grasso: 3g   Zucchero: 0g

Spinacino di manzo piccante

Preparazione: 30 minuti   Cottura: 30 minuti   Porzioni: 4-6

Ingredienti:

- 1 costata di manzo
- Olio extravergine d'oliva

Per il rub:

- 1 cucchiaio di sale grosso (kosher o marino)
- ½ cucchiaino di polvere di peperoncino Chipotle
- ½ cucchiaino di origano,

- Salsa piccante (chipotle) preferibilmente messicano
- 1 cucchiaino di aglio granulato
- ½ cucchiaino di cumino macinato
- ½ cucchiaino di pepe nero appena macinato

Indicazioni:

- Accendi la tua griglia traeger a medio-alto, preferibilmente a circa 105°C.
- Potresti optare per il mesquite o per il tuo gusto preferito di traegers.
- Mescolare gli ingredienti per fare il rub in una piccola ciotola pulita, mescolare fino a quando è ben combinato.
- Assicurarsi che le mani siano pulite. Poi, mettete la bistecca in una teglia da forno e spargete lo strofinamento su tutti i lati, usando le vostre dita, tamponate lo strofinamento nella carne. Versare un po' di olio d'oliva vergine sulla miscela e strofinare.
- Poi, trasferire la punta di petto alla griglia. Abbassare il coperchio e grigliare la costata di manzo fino a quando la griglia si riscalda a 35°C. Grigliate per circa un'ora. A volte, potrebbe volerci meno tempo. Togliere la costoletta dalla griglia e metterla in un piatto con un foglio di alluminio.
- Riscaldare di nuovo la griglia fino a circa 315°C. Una volta raggiunti i 315°C, passare alla modalità di cottura a fiamma libera. Estrarre con attenzione le griglie e il portello e sostituirli con l'inserto a fiamma diretta.
- Estrarre la tripletta dalla carta stagnola. Mettere su sear. Cuocere la costoletta finché non raggiunge circa 120 gradi. Dovrebbe essere croccante e dorata all'esterno e al sangue al centro; 55°C per una cottura media (o a piacere). Cuocere i due lati per circa 4 minuti, girando con le pinze. Trasferire la trippa su una tavola e tagliare.
- Raffreddare la carne per circa 2 minuti. Con un coltello fare dei tagli sottili lungo la venatura. Ricoprite con la vostra salsa preferita e gustate.

Nutrizione:

Calorie: 50   Proteine: 7,6g   Carboidrati: 4g   Grasso: 8g   Zucchero: 2g

Ricette di hamburger e panini

Bistecca alla griglia con panino al formaggio americano

Preparazione: 10 minuti   **Cottura**: 55 minuti   **Porzioni**: 4

Ingredienti:
- 450 gr di bistecca di manzo.
- ½ cucchiaino di sale a piacere.
- ½ cucchiaino di pepe a piacere.
- 1 cucchiaio di salsa di soia.
- 2 cucchiai di burro.
- 1 cipolla tritata.
- ½ peperone verde tritato.
- Sale e pepe a piacere.
- 8 fette di formaggio americano
- 8 fette di pane bianco.
- 4 cucchiai di burro.

Indicazioni:
Accendete la griglia e impostare la temperatura a 230°C e lasciala preriscaldare per circa dieci o quindici minuti con il coperchio chiuso.

Poi, mettete una padella antiaderente sulla piastra e preriscaldatela per circa quindici minuti finché non diventa calda. Una volta calda, aggiungete il burro e fatelo sciogliere. Una volta che il burro si è sciolto, aggiungere le cipolle e il peperone verde e cuocere per circa cinque minuti fino a quando non diventano di colore marrone, mettere da parte.

Sempre sulla stessa padella aggiungete la bistecca, la salsa di soia, il sale e il pepe a piacere e fate cuocere per circa cinque o sei minuti finché non è cotta. Aggiungere la miscela di peperoni cotti; mescolare per combinare e riscaldare per altri tre minuti, mettere da parte.

Usare un coltello affilato per tagliare il pane a metà, imburrare ogni lato e poi grigliare per circa tre o quattro minuti con i lati verso il basso. Per assemblare, aggiungere fette di formaggio su ogni fetta di pane, coprire con il composto di bistecca e poi i vostri condimenti preferiti, chiudere il panino con un'altra fetta di pane e servire.

Nutrizione:

Calorie: 589   Proteine: 24g   Carboidrati: 28g   Grasso: 41g   Fibra: 2g

Hamburger di tacchino macinato

Preparazione: 15 minuti   **Cottura**: 50 minuti   **Porzioni**: 6

Ingredienti:
- 2/3 di tazza di pangrattato.
- ½ tazza di sedano tritato
- ¼ di tazza di cipolla tritata
- 1 cucchiaio di prezzemolo tritato

- 1 cucchiaino di salsa di soia
- 1 cucchiaino di origano secco
- ½ cucchiaino di sale a piacere
- ¼ di cucchiaino di pepe
- 500 gr di tacchino macinato magro
- 6 panini per hamburger

- Guarnizione opzionale
- 1 pomodoro affettato
- 1 cipolla affettata
- Foglie di lattuga
- Uovo sbattuto

Indicazioni:

Usando una piccola ciotola, aggiungete tutti gli ingredienti della lista a parte il tacchino e i panini e mescolate bene per combinare.

Fai circa sei polpette del composto e mettile da parte.

Preriscaldate la griglia a 185°C, mettete le polpette di tacchino sulla griglia e grigliate per circa quarantacinque minuti finché la temperatura interna non raggiunge i 75°C. Per assemblare, usate un coltello per dividere il panino in due, coprite con l'hamburger preparato e il vostro topping preferito e chiudete con un'altra metà del panino, servite.

Nutrizione:

Calorie: 293   Proteine: 22g   Carboidrati: 27g   Grasso: 11g   Fibra: 4g

Pulled Beef burger

Preparazione: 10 minuti   **Cottura**: 10 minuti   **Porzioni**: 4

Ingredienti:

- 1,8 kg di arrosto di manzo disossato.
- Sale e pepe
- 2 cucchiai di aglio tritato

- 1 tazza di cipolla tritata
- salsa barbeque
- 6 panini

Indicazioni:

Impostare la temperatura della griglia a 120°C poi preriscaldare per circa quindici minuti con il coperchio chiuso.

Usare un coltello per tagliare il grasso in eccesso presente sull'arrosto, poi mettere la carne sulla griglia preriscaldata.

Grigliare l'arrosto per circa tre ore e mezza fino a quando non raggiunge una temperatura interna di 70°C.

Poi mettete l'arrosto di manzo in un foglio di alluminio; aggiungete l'aglio, la cipolla, la salsa barbecue, il sale e il pepe e mescolate per ricoprirlo.

Mettere l'arrosto sulla griglia e cuocere per un'altra ora e mezza fino a quando un termometro inserito segna 90°C.

Una volta cotta, lasciate raffreddare la carne per qualche minuto e poi sminuzzatela con una forchetta. Riempire i panini con la carne sminuzzata e servire.

Nutrizione:

Calorie: 593   Proteine: 44g   Carboidrati: 34g   Grasso: 31g   Fibra: 1g

Hamburger di maiale alla griglia

Preparazione: 15 minuti   **Cottura**: 60 minuti   **Porzioni**: 4-6

Ingredienti:

- ¾ di tazza di pangrattato morbido
- ¾ di tazza di parmigiano grattugiato
- 1 cucchiaio di prezzemolo secco
- 1 cucchiaino di basilico secco
- ½ cucchiaino di sale a piacere
- ½ cucchiaino di aglio in polvere
- ¼ di cucchiaino di pepe a piacere

- 2 libbre di carne di maiale macinata
- 6 panini per hamburger
- 1 uovo sbattuto
- Condimenti
- Foglie di lattuga
- Pomodoro affettato
- Cipolla dolce affettata

Indicazioni:

In una grande ciotola aggiungere l'uovo, la mollica di pane, il formaggio, il prezzemolo, il basilico, l'aglio in polvere, il sale e il pepe a piacere e mescolare bene per combinare.

Aggiungere la carne di maiale macinata e mescolare bene per combinare con le mani pulite. Formare circa sei polpette dall'impasto e metterle da parte.

Poi, impostate l'affumicatore a 105°C poi lasciate che si accenda per circa cinque minuti. Metti le polpette sulla griglia e fuma per circa trenta minuti.

Capovolgere le polpette, aumentare la temperatura della griglia a 150°C poi grigliare le polpette per alcuni minuti fino a quando un termometro inserito non segna 70°C.

Servire gli hamburger di maiale sui panini, lattuga, pomodoro e cipolla.

Nutrizione:

Calorie: 522   Proteine: 38g   Carboidrati: 28g   Grasso: 28g   Fibra: 2g

Delizioso sandwich BLT

Preparazione: 15 minuti   **Cottura**: 35 minuti   **Porzioni**: 4-6

Ingredienti:

- 8 fette di pancetta
- ½ cuore di romeno
- 1 pomodoro affettato

- 4 fette di pane per tramezzini
- 3 cucchiai di maionese
- Burro salato

- Sale marino a piacere
- Pepe a piacere

Indicazioni:

Preriscaldare la griglia a 175°C per circa quindici minuti con il coperchio chiuso.

Mettete le fette di pancetta sulla griglia preriscaldata e cuocete per circa quindici o venti minuti finché non diventano croccanti.

Successivamente, imburrate entrambi i lati del pane, mettete una padella sulla piastra e tostate il pane per qualche minuto fino a quando non diventa marrone su entrambi i lati e mettete da parte.

In una piccola ciotola, aggiungere i pomodori affettati, condire con sale e pepe a piacere e mescolare per ricoprire.

Poi, spalmate la maionese su entrambi i lati del pane tostato, coprite con lattuga, pomodoro e pancetta e poi gustate.

Nutrizione:

Calorie: 284   Proteine: 19g   Carboidrati: 11g   Grasso: 19g   Fibra: 2g

Delizioso sandwich di pollo alla griglia

Preparazione: 15 minuti   **Cottura**: 50 minuti   **Porzioni**: 4

Ingredienti:

- ¼ di tazza di maionese
- 1 cucchiaio di senape
- 1 cucchiaio di miele
- 4 petti di pollo disossati e senza pelle
- ½ cucchiaino di condimento per
- bistecche
- 4 fette di formaggio svizzero americano
- 4 panini per hamburger
- 2 strisce di pancetta
- Foglie di lattuga e fette di pomodoro

Indicazioni:

In una piccola ciotola, aggiungere la maionese, la senape e il miele e mescolare bene per combinare.

Usare un batticarne per battere il pollo in uno spessore uniforme, poi tagliarlo in quattro parti.

Condire il pollo con il condimento per bistecche e mettere da parte.

Preriscaldare la griglia a 175°C per circa dieci o quindici minuti con il coperchio chiuso.

Mettere il pollo condito sulla griglia e grigliare per circa venticinque-trenta minuti fino a che non si legge una temperatura interna di 75°C. Grigliare la pancetta fino a quando non diventa croccante e poi sbriciolarla.

Aggiungere il formaggio al pollo e cuocere per circa un minuto finché non si scioglie completamente. Allo stesso tempo, grigliate i panini per circa uno o due minuti fino a che non siano tostati come desiderato.

Mettete il pollo sui panini, aggiungete il bacon grigliato, la miscela di maionese, la lattuga e il pomodoro e servite.

Nutrizione:

Calorie: 410   Proteine: 34g   Carboidrati: 29g   Grasso: 17g   Fibra: 3g

Panino con pancetta, uova e formaggio

Preparazione: 15 minuti   **Cottura**: 20 minuti   **Porzioni**: 4

Ingredienti:

- 2 uova grandi
- 2 cucchiai di latte o acqua
- Un pizzico di sale a piacere
- Un pizzico di pepe a piacere
- 3 cucchiai di burro
- 4 fette di pane bianco
- 2 fette di formaggio asiago
- 4 fette di pancetta

Indicazioni:

Usando una piccola ciotola, aggiungere le uova, il latte, il sale e il pepe a piacere e mescolare bene per combinare.

Preriscaldare la griglia a 200°C per circa dieci o quindici minuti con il coperchio chiuso.

Mettere le fette di pancetta sulla griglia preriscaldata e grigliare per circa otto-dieci minuti, girando una volta finché non diventa croccante. Mettere la pancetta da parte su un asciugamano foderato di carta.

Diminuire la temperatura della griglia a 175°C, mettere una padella sulla griglia e lasciarla riscaldare per una decina di minuti.

Spalmare due cucchiai di burro sul lato tagliato del pane, mettere il pane sulla padella, e tostare per circa due minuti fino a quando il colore è marrone.

Mettere il formaggio sul pane tostato, chiudere il coperchio della griglia e cuocere per circa un minuto finché il formaggio non si scioglie completamente, mettere da parte. Sempre con la stessa padella, aggiungere il resto del burro e farlo sciogliere. Versare il composto di uova e cuocere per qualche minuto fino a quando non è cotto come desiderato.

Assemblare il panino come desiderato e servire.

Nutrizione:

Calorie: 401   Proteine: 23g   Carboidrati: 26g   Grasso: 23g   Fibra: 3g

Hamburger di agnello alla griglia

Preparazione: 15 minuti   **Cottura**: 25 minuti   **Porzioni**: 5

Ingredienti:

- 1 uovo
- 1 cucchiaino di origano secco
- 400 gr di agnello macinato
- 1 cucchiaio di aceto di vino bianco

- ½ cucchiaino di fiocchi di pepe rosso schiacciati
- 4 spicchi d'aglio tritati
- ½ tazza di cipolle verdi tritate
- 1 cucchiaio di menta tritata
- 2 cucchiai di coriandolo tritato
- 2 cucchiai di pangrattato secco
- 1/8 di cucchiaino di sale a piacere
- ¼ di cucchiaino di pepe nero macinato a piacere
- 1 panini per hamburger

Indicazioni:

Preriscaldare la griglia a 230°C e poi ungerla.

Usando una grande ciotola, aggiungere tutti gli ingredienti della lista a parte i panini e poi mescolare bene per combinare.

Fare circa cinque polpette con l'impasto e metterle da parte.

Mettere le polpette di agnello sulla griglia preriscaldata e cuocere per circa sette-nove minuti girando solo una volta fino a quando un termometro inserito non segna 70°C.

Servite gli hamburger di agnello sull'hamburger, aggiungete i vostri condimenti preferiti e godeteveli.

Nutrizione:

Calorie: 376   Proteine: 25,5 g   Carboidrati: 25.4g   Grasso: 18,5g   Fibra: 1.6g

Panini di agnello alla griglia

Preparazione: 15 minuti   **Cottura**: 55 minuti   **Porzioni**: 6

Ingredienti:

- 1 tazza di aceto di lamponi
- 1 (1,8 kg) agnello disossato
- 2 cucchiai di olio d'oliva
- 1 cucchiaio di timo fresco tritato
- 2 spicchi d'aglio pressati
- ¼ di cucchiaino di sale a piacere
- ¼ di cucchiaino di pepe macinato
- Pane a fette

Indicazioni:

In una grande ciotola aggiungere l'aceto di lamponi, l'olio e il timo e mescolare bene. Aggiungere l'agnello, mescolare e lasciare riposare in frigorifero per circa otto ore o una notte.

Poi, scartare la marinata e condire l'agnello con sale e pepe a piacere. Preriscaldare la griglia a 200°C, aggiungere l'agnello condito e grigliare per circa trenta o quaranta minuti fino a raggiungere una temperatura di 70°C.

Una volta cotto, lasciate raffreddare l'agnello per qualche minuto, affettatelo a piacere e servitelo sul pane con il vostro condimento preferito.

Nutrizione:

Calorie: 407   Proteine: 72g   Carboidrati: 26g   Grasso: 23g   Fibra: 2.3g

Verdure e ricette vegetariane (Erika)

Uova alla diavola affumicate

Preparazione: 15 minuti   **Cottura**: 30 minuti   **Porzioni**: 5

Ingredienti:
- 7 uova sode, sbucciate
- 3 cucchiai di maionese
- 3 cucchiai di erba cipollina, tagliata a dadini
- 1 cucchiaio di senape marrone
- 1 cucchiaio di aceto di sidro di mele
- Dash di salsa piccante
- Sale e pepe
- 2 cucchiai di pancetta cotta, sbriciolata
- Paprika a piacere

Indicazioni:
Preriscaldare la griglia a 80°C per 15 minuti con il coperchio chiuso.

Mettere le uova sulla griglia e affumicare le uova per 30 minuti. Togliere le uova dalla griglia e lasciarle raffreddare.

Dimezzare le uova e raccogliere i tuorli in un sacchetto richiudibile.

Aggiungere tutti gli altri ingredienti nel sacchetto tranne la pancetta e la paprika. Mescolare fino ad ottenere un composto omogeneo.

Versare il composto nei bianchi d'uovo e ricoprire con pancetta e paprika.

Lasciate riposare e poi servite e gustate.

Nutrizione:

Calorie: 140	Proteine: 6g	Carboidrati: 1g	Grasso: 3g	Fibra: 0g
Grasso saturo:0	Zucchero: 0g	Carboidrati netti: 1g	Sodio: 210mg	Potassio: 100mg

Zucchine ripiene alla griglia

Preparazione: 5 minuti   **Cottura**: 11 minuti   **Porzioni**: 8

Ingredienti:
- 4 zucchine
- 5 cucchiai di olio d'oliva
- 2 cucchiai di cipolla rossa tritata
- ¼ di cucchiaio di aglio tritato
- ½ tazza di pangrattato
- ½ tazza di mozzarella, tagliuzzata
- 1 cucchiaio di menta fresca
- ½ cucchiaio di sale
- 3 cucchiai di parmigiano

Indicazioni:

Tagliare le zucchine nel senso della lunghezza e togliere la polpa, poi spennellare i gusci con olio.

In una padella antiaderente soffriggere la polpa, la cipolla e l'olio rimanente. Aggiungere l'aglio e cuocere per un minuto.

Aggiungere la mollica di pane e cuocere fino a doratura. Togliere dal fuoco e mescolare con la mozzarella, la menta fresca e il sale.

Versare il composto nelle conchiglie e cospargere di parmigiano.

Mettere in una griglia e grigliare per 10 minuti o fino a quando le zucchine sono tenere.

Nutrizione:

Calorie: 186	Proteine: 9g	Carboidrati: 17g	Grasso: 10g	Fibra: 3g
Grasso saturo:5g	Zucchero: 4g	Carboidrati netti: 14g	Sodio: 553mg	Potassio: 110mg

Involtini di jalapeno con bacon

Preparazione: 10 minuti   **Cottura**: 20 minuti   **Porzioni**: 6

Ingredienti:

- 6 jalapenos, freschi
- 115 gr di formaggio cremoso
- ½ tazza di formaggio cheddar, tagliuzzato
- 1 cucchiaio di aromi per verdure
- 12 fette di pancetta tagliata

Indicazioni:

Preriscaldare l'affumicatore e la griglia a 185°C.

Affettare i jalapenos nel senso della lunghezza e raschiare i semi e la membrana. Sciacquarli con acqua e metterli da parte.

In una ciotola mescolare il formaggio cremoso, il formaggio cheddar e gli aromi perverdure fino a quando non sono ben mescolati.

Riempire le metà di jalapeno con il composto e poi avvolgerle con i pezzi di pancetta.

Affumicare per 20 minuti o finché la pancetta non diventa croccante.

Servire e gustare.

Nutrizione:

Calorie: 1830	Proteine: 6g	Carboidrati: 5g g	Grasso: 11g	Fibra: 1g
Grasso saturo: 6g	Zucchero: 4g	Carboidrati netti: 4g		

Fagiolini con pancetta

Preparazione: 10 minuti   **Cottura**: 20 minuti   **Porzioni**: 6

Ingredienti:

- 4 strisce di pancetta, tritate
- 675 gr di fagiolini
- 1 cucchiaino di aglio tritato
- 1 cucchiaino di sale
- 4 cucchiai di olio d'oliva

Indicazioni:

Accendere la griglia e impostare la temperatura a 230°C e lasciarla preriscaldare per un minimo di 15 minuti.

Nel frattempo in una ciotola, mettete tutti gli ingredienti e saltateli fino a mescolarli.

Quando la griglia è preriscaldata, aprite il coperchio; mettete il composto in una teglia preparata sulla griglia, chiudete la griglia e affumicate per 20 minuti fino a quando è leggermente dorata e cotta.

Al termine, trasferire i fagiolini in un piatto e poi servire.

Nutrizione:

Calorie: 93   Proteine: 5,9 g   Carboidrati: 8,2 g   Grasso: 4,6 g   Fibra: 2,9 g

Insalata di patate alla griglia

Preparazione: 15 minuti   **Cottura**: 10 minuti   **Porzioni**: 8

Ingredienti:

- 675 gr di patate tagliate a metà nel senso della lunghezza
- 1 piccolo jalapeno, affettato
- 10 scalogni
- 2 cucchiaini di sale
- 2 cucchiai di aceto di riso
- 2 cucchiai di succo di limone
- 2/3 di tazza di olio d'oliva, diviso

Indicazioni:

Accendere la griglia e impostare la temperatura a 230°C e lasciarla preriscaldare per un minimo di 5 minuti.

Nel frattempo, preparare gli scalogni, e per farlo, spennellarli con un po' d'olio.

Quando la griglia è preriscaldata, aprire il coperchio, mettere gli scalogni sulla griglia, chiudere la griglia e farli fumare per 3 minuti.

Poi trasferire gli scalogni su un tagliere, lasciarli raffreddare per 5 minuti poi tagliarli a fette e metterli da parte fino al momento del bisogno.

Spennellare le patate con un po' d'olio, condire con un po' di sale e pepe nero, mettere le patate sulla griglia, chiudere la griglia e fumare per 5 minuti fino a completa cottura.

Poi prendete una grande ciotola, versate l'olio rimanente, aggiungete il sale, il succo di limone e l'aceto e mescolate fino a combinare.

Aggiungere lo scalogno grigliato e le patate, mescolare fino ad amalgamare bene, assaggiare per regolare il condimento e poi servire.

Nutrizione:

Calorie: 223,7   Proteine: 1,9 g   Carboidrati: 27 g   Grasso: 12 g   Fibra: 3,3 g

Panino alle verdure

Preparazione: 30 minuti   **Cottura**: 45 minuti   **Porzioni**: 4

Ingredienti:
Per l'hummus affumicato:

- 1 ½ tazza di ceci cotti
- 1 cucchiaio di aglio tritato
- 1 cucchiaino di sale
- 4 cucchiai di succo di limone
- 2 cucchiai di olio d'oliva
- 1/3 tazza di cream di sesamo (tahini)
- Per le verdure:
- 2 funghi grandi
- 1 melanzana piccola, diraspata,

Per il formaggio:

- 1 limone, spremuto
- ½ cucchiaino di aglio tritato
- ¼ di cucchiaino di pepe nero macinato
- ¼ di cucchiaino di sale

tagliata a strisce
- 1 cucchiaino di sale
- 1 zucchina piccola, spuntata, tagliata a strisce
- ½ cucchiaino di pepe nero macinato
- 1 piccola zucca gialla, sbucciata, tagliata a strisce
- ¼ di tazza di olio d'oliva

- ½ tazza di ricotta
- Per assemblare:
- 1 mazzo di basilico, foglie tritate
- 2 pomodori affettati
- 4 panini ciabatta, dimezzati

Indicazioni:
Accendere la griglia e impostare la temperatura a 80°C e lasciarla preriscaldare per un minimo di 15 minuti.

Nel frattempo preparate l'hummus, e per farlo, prendete un vassoio di fogli e spargete i ceci su di esso.

Quando la griglia è preriscaldata, aprire il coperchio, mettere il vassoio di fogli sulla griglia, chiudere la griglia e affumicare per 20 minuti.

Una volta fatto, trasferire i ceci in un robot da cucina, aggiungere gli ingredienti rimanenti per l'hummus, e pulsare per 2 minuti fino a quando non è liscio, mettere da parte fino a quando necessario.

Cambiare la temperatura di affumicatura a 250°C, chiudere con il coperchio e lasciarlo preriscaldare per 10 minuti.

Nel frattempo, preparate le verdure e per questo, prendete una grande ciotola e mettete tutte le verdure, aggiungete sale e pepe nero, irrorate con olio e succo di limone e saltate fino a ricoprirle.

Mettere le verdure sulla griglia, chiudere con il coperchio e affumicare le melanzane, le zucchine e le zucche per 15 minuti e i funghi per 25 minuti.

Nel frattempo, preparate il formaggio e per farlo, prendete una piccola ciotola, mettete tutti i suoi ingredienti in essa e mescolate fino a quando non è ben combinato.

Assemblare il panino per questo, tagliare i panini a metà nel senso della lunghezza, spalmare l'hummus preparato su un lato, spalmare il formaggio sull'altro lato, poi farcire con verdure grigliate e coprire con pomodori e basilico.

Servire subito.

Nutrizione:

Calorie: 560   Proteine: 8,3 g   Carboidrati: 45 g   Grasso: 40 g   Fibra: 6,8 g

Zucchine alla griglia

Preparazione: 5 minuti   **Cottura**: 10 minuti   **Porzioni**: 6

Ingredienti:

- 4 zucchine medie
- 2 cucchiai di olio d'oliva
- 1 cucchiaio di aceto
- 2 rametti di timo, foglie tritate
- ½ cucchiaino di sale
- 1/3 cucchiaino di pepe nero macinato

Indicazioni:

Accendere la griglia e impostare la temperatura a 175°C e lasciarla preriscaldare per un minimo di 5 minuti.

Nel frattempo, tagliare le estremità di ogni zucchina, tagliare ciascuna a metà e poi in terzi, e mettere in un sacchetto di plastica.

Aggiungere i restanti ingredienti, sigillare il sacchetto e scuotere bene per ricoprire i pezzi di zucchina.

Quando la griglia è preriscaldata, apri il coperchio, metti le zucchine sulla griglia, chiudi la griglia e fuma per 4 minuti per lato.

Al termine, trasferire le zucchine in un piatto, guarnire con altro timo e poi servire.

Nutrizione:

Calorie: 74   Proteine: 2,6 g   Carboidrati: 6,1 g   Grasso: 5,4 g   Fibra: 2,3 g

Piselli grigliati

Preparazione:15 minuti   **Cottura**: 10 minuti   **Porzioni**: 4

Ingredienti:

- 900 gr di piselli istantanei, estremità tagliate
- ½ cucchiaino di aglio in polvere

- 1 cucchiaino di sale
- 2/3 cucchiaini di pepe nero macinato
- 2 cucchiai di olio d'oliva

Indicazioni:

Accendere la griglia e impostare la temperatura a 230°C e lasciarla preriscaldare per un minimo di 15 minuti.

Nel frattempo, prendete una ciotola media e mettete i piselli, aggiungete l'aglio in polvere e l'olio, condite con sale e pepe nero, saltate fino ad amalgamare, e poi spargete sulla teglia.

Quando la griglia è preriscaldata, apri il coperchio, metti la teglia preparata sulla griglia, chiudi la griglia e fuma per 10 minuti finché non è leggermente carbonizzata.

Servire subito.

Nutrizione:

Calorie: 91   Proteine: 4 g   Carboidrati: 9 g   Grasso: 5 g   Fibra: 3 g

Cavolfiore con parmigiano e burro

Preparazione:15 minuti   **Cottura**: 45 minuti   **Porzioni**: 4

Ingredienti:

- 1 testa media di cavolfiore
- 1 cucchiaino di aglio tritato
- 1 cucchiaino di sale
- ½ cucchiaino di pepe nero macinato

- ¼ di tazza di olio d'oliva
- ½ tazza di burro fuso, non salato
- ½ cucchiaio di prezzemolo tritato
- ¼ di tazza di parmigiano tagliuzzato

Indicazioni:

Accendere la griglia e impostare la temperatura a 230°C e lasciarla preriscaldare per un minimo di 15 minuti.

Nel frattempo, spennellare la testa di cavolfiore con olio, condire con sale e pepe nero, e poi metterla in una padella.

Quando la griglia è preriscaldata, apri il coperchio, metti la padella preparata sulla griglia, chiudi la griglia e fuma per 45 minuti fino a quando è dorata e il centro è diventato tenero.

Nel frattempo, prendete una piccola ciotola e mescolate il burro insieme all'aglio, il prezzemolo e il formaggio fino a quando non sono ben combinati.

Imbastire frequentemente il composto di formaggio negli ultimi 20 minuti di cottura e a fine cottura, togliere la padella dal fuoco e guarnire il cavolfiore con il prezzemolo.

Tagliare a fette e poi servire.

Nutrizione:

| Calorie: 128 | Proteine: 7,4 g | Carboidrati: 10,8 g | Grasso: 7,6 g | Fibra: 5 g |

Cavolfiore affumicato

Preparazione: 15 minuti   **Cottura:** 10 minuti   **Porzioni:** 3-4

Ingredienti:

- 1 testa di cavolfiore
- 1 tazza di parmigiano
- 1 cucchiaio di olio d'oliva
- 2 spicchi d'aglio schiacciati
- ¼ di cucchiaino di paprika
- ½ cucchiaino di sale
- ½ cucchiaino di pepe

Indicazioni:

Avviare la griglia e impostare la temperatura a circa 80°C e preriscaldare con il coperchio chiuso per circa 10-15 minuti

Tagliare il cavolfiore in cimette di media grandezza, poi mettere il cavolfiore proprio sopra la griglia e mescolare tutti gli ingredienti tranne il formaggio

Dopo circa 1 ora, togliete il cavolfiore e poi accendete il grill dell'affumicatore per circa 10-15 minuti

Spennellare il cavolfiore con la miscela degli ingredienti e metterlo su una teglia

Rimettere il cavolfiore sulla griglia per circa 10 minuti

Spolverare con il parmigiano

Servite e godetevi il vostro cavolfiore affumicato!

Nutrizione:

| Calorie: 60 | Proteine: 4 g | Carboidrati: 3,1 g | Grasso: 3,6 g | Fibra: 1 g |

Asparagi alla griglia

Preparazione: 5 minuti   **Cottura:** 20 minuti   **Porzioni:** 4

Ingredienti:

- 3 tazze di verdure affettate
- 2 cucchiai di olio d'oliva
- 2 cucchiai di condimento all'aglio e alle erbe

Indicazioni:

Preriscaldate la vostra griglia a una temperatura di circa 175°C

Mentre il Traeger si riscalda, affettare le verdure. Tagliare le lance dei broccoli e delle zucchine, poi lavare la parte esterna e affettare in lance; e infine tagliare i peperoni in strisce larghe. (Potete anche grigliare carote, mais, asparagi e patate - grigliate ad una temperatura di circa 175°C per circa 20 minuti.) Servire e gustare!

Nutrizione:

Calorie:47   Proteine: 2,2 g   Carboidrati: 1 g   Grasso: 3 g   Fibra: 1 g

Melanzane grigliate

Preparazione:5 minuti   **Cottura**: 12 minuti   **Porzioni**: 6

Ingredienti:
- 1 o 2 melanzane grandi
- 3 cucchiai di olio extravergine d'oliva
- 2 cucchiai di aceto balsamico
- 2 spicchi d'aglio tritati finemente
- 1 pizzico di timo, aneto, origano e basilico

Indicazioni:

Raccogliete i vostri ingredienti.

Scaldate la vostra griglia a un livello medio-alto

Quando la griglia diventa calda, affettare le melanzane in fette di 2 cm di spessore

In una ciotola, sbattere l'olio d'oliva con l'aceto balsamico, l'aglio, le erbe, il sale e il pepe.

Spennellare entrambi i lati delle melanzane affettate con olio e con la miscela di aceto.

Mettere le melanzane sulla griglia preriscaldata

Grigliate le melanzane per circa 12 minuti

Servire e gustate!

Nutrizione:

Calorie:56   Proteine: 4 g   Carboidrati: 11 g   Grasso: 0,8 g   Fibra: 4,1 g

Verdure autunnali arrostite

Preparazione: 10 minuti   **Cottura**: 35 minuti   **Porzioni**: 8

Ingredienti:
- 225 gr di patate
- 225 gr di cavoletti di Bruxelles, dimezzati
- 225 gr di zucca tagliata a dadini
- 1 pinta di funghi cremini, dimezzati
- 1 cucchiaio di sale
- ¾ di cucchiaio di pepe nero macinato
- 2 cucchiai di olio d'oliva

Indicazioni:

Prendete una grande ciotola e metteteci le patate, aggiungete il sale e il pepe nero, irrorate con l'olio e poi saltate fino a ricoprirle.

Prendete un vassoio di alluminio e poi stendeteci sopra le patate appena condite.

Quando la griglia è preriscaldata, mettete la teglia sulla griglia e poi grigliate per 15 minuti.

Poi aggiungete i funghi e i germogli nella padella, saltate per ricoprire e poi continuate a grigliare per 20 minuti fino a quando tutte le verdure sono diventate ben dorate e completamente cotte.

Servire immediatamente.

Nutrizione:

Calorie:80   Proteine: 1 g   Carboidrati: 7 g   Grasso: 6 g   Fibra: 4,1 g

Mandorle alla cannella

Preparazione: 15 minuti   **Cottura**: 1 ora e 35 minuti   **Porzioni**: 4

Ingredienti:

- 450 gr di mandorle
- ½ tazza di zucchero granulato
- ½ tazza di zucchero di canna
- 1 cucchiaio di cannella
- 1/8 di cucchiaino di sale
- 1 albume d'uovo

Indicazioni:

Prendete una piccola ciotola, metteteci l'albume e poi sbattete fino a renderlo spumoso.

Aggiungete i restanti ingredienti per il condimento, sbattete fino ad amalgamarli, poi aggiungete le mandorle e saltatele fino a quando sono ben ricoperte.

Prendete una teglia e poi spargete la miscela di mandorle in essa.

Quando la griglia è preriscaldata, mettere la teglia contenente la miscela di mandorle sulla griglia e grigliare per 90 minuti fino a quando le mandorle sono tostate, mescolando ogni 10 minuti.

Al termine del tempo di cottura togliete la teglia dalla griglia, lasciatela raffreddare leggermente e poi servitela.

Nutrizione:

Calorie: 136.9   Proteine: 3g   Carboidrati: 15g   Grasso: 8g   Fibra: 4,1 g

Semi di zucca arrostiti

Preparazione: 10 minuti   **Cottura**: 40 minuti   **Porzioni**: 8

Ingredienti:
- 450 gr di semi di zucca
- 1 cucchiaio di sale
- 1 cucchiaio di olio d'oliva

Indicazioni:

Prendete una teglia da forno, ungetela d'olio, spargetevi sopra i semi di zucca e poi mescolate fino a ricoprirli.

Quando la griglia è preriscaldata, mettete la teglia sulla griglia e lasciate grigliare per 20 minuti.

Condire i semi di zucca con il sale, passare la temperatura della griglia a 165°C e continuare a grigliare per 20 minuti fino a quando non sono arrostiti.

Al termine, lasciate raffreddare leggermente i semi di zucca e poi servite.

Nutrizione:

Calorie: 130   Proteine: 8g   Carboidrati: 13g   Grasso: 5g   Fibra: 2,1 g

Patate croccanti all'aglio

Preparazione: 15 minuti   **Cottura**: 40 minuti   **Porzioni**: 4

Ingredienti:
- 450 gr di patate novelle
- 1 grande cipolla bianca, sbucciata e affettata
- 3 spicchi d'aglio, sbucciato e affettato
- 1 cucchiaino di prezzemolo tritato
- 3 cucchiai di burro, non salato, a fette

Indicazioni:

Tagliare le patate a fette e poi disporle su un grande foglio di alluminio o una teglia da forno, separando le patate dalle fette di cipolla e dal burro.

Cospargere le fette d'aglio sulle verdure e poi condire con sale, pepe nero e prezzemolo.

Quando la griglia è preriscaldata, mettete la teglia contenente il composto di patate sulla griglia e grigliate per 40 minuti fino a quando le fette di patate sono diventate tenere.

Servire immediatamente.

Nutrizione:

Calorie: 150   Proteine: 1g   Carboidrati: 15g   Grasso: 10g   Fibra: 0,9 g

Avocado ripieni

Preparazione: 5 minuti   **Cottura**: 15 minuti   **Porzioni**: 3 - 4

Ingredienti:
- 4 avocado, dimezzati, senza nocciolo
- 8 uova

- 2 tazze di formaggio Cheddar sminuzzato
- 4 fette di pancetta, cotte e tritate
- ¼ di tazza di pomodori ciliegia,
- dimezzati
- Cipolle verdi affettate sottili
- Sale e pepe

Indicazioni:

Quando si è pronti a cucinare, impostare la temperatura su High e preriscaldare, coperchio chiuso per 15 minuti.

Dopo aver rimosso il nocciolo dall'avocado, togliete un po' di polpa per fare abbastanza spazio per inserire 1 uovo per metà.

Riempire il fondo di una padella di ghisa con il sale e annidare le metà di avocado nel sale, con il lato tagliato verso l'alto. Il sale aiuta a tenerle in posizione durante la cottura, come il ghiaccio con le ostriche.

Rompete le uova a metà, metteteci sopra una mano piena di formaggio cheddar sminuzzato, alcuni pomodorini e la pancetta. Condire con sale e pepe a piacere.

Posizionare la padella di ghisa direttamente sulla griglia e cuocere gli avocado per 12-15 minuti fino a quando il formaggio è sciolto e l'uovo è appena impostato.

Togliere dalla griglia e lasciare riposare 5-10 minuti. Buon appetito!

Nutrizione:

| Calorie: 210 | Proteine: 58g | Carboidrati: 50g | Grasso: 103g | Fibra: 1,9 g |

Asparagi avvolti nella pancetta

Preparazione: 10 minuti   **Cottura:** 25 o 30 minuti   **Porzioni:** 3

Ingredienti:

- 450 gr di asparagi freschi spessi
- olio extravergine d'oliva
- 5 fette di pancetta tagliata sottile
- sale e pepe

Indicazioni:

Tagliare le estremità legnose degli asparagi e rifilare in modo che siano tutti della stessa lunghezza.

Dividere gli asparagi in fasci di 3 lance e spruzzarli con olio d'oliva. Avvolgere ogni fascio con 1 pezzo di pancetta e poi spolverare con il condimento o sale e pepe a piacere.

Preriscaldare la griglia a 200°C. La griglia può essere preriscaldata mentre si preparano gli asparagi.

Grigliate gli asparagi avvolti nella pancetta per 25-30 minuti, finché gli asparagi sono teneri e la pancetta è cotta e croccante.

Nutrizione:

| Calorie: 94 | Proteine: 4g | Carboidrati: 5g | Grasso: 7g | Fibra: 0,9 g |

Fagioli al forno

Preparazione: 15 minuti   **Cottura**: 1 o 2 ore   **Porzioni**: 5

Ingredienti:

- 2 cucchiai di olio extravergine d'oliva
  1 grande cipolla gialla, tagliata a dadini
- 1 peperone verde medio, tagliato a dadini
- 1 peperone rosso medio, tagliato a dadini
- Da 2 a 6 peperoni jalapeño, tagliati a dadini
- 1 tazza di fagioli rossi
- Salsa barbecue
- ½ tazza di zucchero di canna
- 3 spicchi d'aglio, tritati
- 2 cucchiaini di senape macinata
- ½ cucchiaino di sale
- ½ cucchiaino di pepe nero

Indicazioni:

In una padella a fuoco medio, scaldare l'olio d'oliva e poi aggiungere la cipolla, i peperoni e i jalapeños tagliati a dadini. Cuocere fino a quando le cipolle sono traslucide, circa 8-10 minuti, mescolando di tanto in tanto.

In una pentola mescolate la punta di petto tritata, i fagioli al forno, la carne di maiale e i fagioli, i fagioli di rognone, la cipolla e i peperoni cotti, la salsa barbecue, lo zucchero di canna, l'aglio, la senape macinata, il sale e il pepe nero.

Configurate la vostra girglia e preriscaldate a 165°C

. Cuocete il brisket baked beans scoperto per 2 ore circa fino a quando i fagioli sono densi e spumeggianti. Lasciate riposare per 15 minuti prima di servire.

Nutrizione:

Calorie: 94   Proteine: 9g   Carboidrati: 35g   Grasso: 2g   Fibra: 1,9 g

Cunei di parmigiano all'aglio

Preparazione: 15 minuti   **Cottura**: 45 minuti   **Porzioni**: 6

Ingredienti:

- 3 patate grandi
- ¼ di tazza di olio extravergine d'oliva
- 1½ cucchiaino di sale
- ¾ di cucchiaino di pepe nero
- 2 cucchiaini di aglio in polvere
- ¾ di tazza di parmigiano grattugiato
- 3 cucchiai di coriandolo fresco tritato
- ½ tazza di formaggio gorgonzola

Indicazioni:

Strofinare delicatamente le patate con acqua fredda usando una spazzola per verdure e lasciare asciugare le patate.

Tagliare le patate a metà nel senso della lunghezza e poi dividerle in quattro.

Usa un tovagliolo di carta per asciugare tutta l'umidità che viene rilasciata quando tagli le patate. L'umidità impedisce agli spicchi di diventare croccanti.

Mettere gli spicchi di patate, l'olio d'oliva, il sale, il pepe e l'aglio in polvere in una grande ciotola e mescolare leggermente con le mani, assicurandosi che l'olio e le spezie siano distribuiti uniformemente.

Disporre gli spicchi in un unico strato su un vassoio da grigliare.

Accendi la griglia e preriscalda a 215°C.

Mettete il vassoio per grigliare nel vostro affumicatore-grill preriscaldato e arrostite gli spicchi di patate per 15 minuti prima di girarli. Arrostire gli spicchi di patate per altri 15-20 minuti fino a quando le patate sono tenere alla forchetta all'interno e croccanti e dorate all'esterno.

Cospargere gli spicchi di patate con parmigiano e guarnire con coriandolo o prezzemolo, se desiderato. Servire con formaggio gorgonzola per intingere, se lo si desidera.

Nutrizione:

Calorie: 324   Proteine: 8,9g   Carboidrati: 35g   Grasso: 11.6g   Fibra: 0,9 g

Spaghetti di zucca al forno

Preparazione: 20 minuti   **Cottura**: 50 minuti   **Porzioni**: 5

Ingredienti:

- 1 zucca media
- 1 cucchiaio di olio extravergine d'oliva
- 1 cucchiaino di sale
- ½ cucchiaino di pepe
- ½ tazza di mozzarella tagliuzzata, divisa
- ½ tazza di parmigiano grattugiato, diviso

Indicazioni:

Tagliare accuratamente la zucca a metà nel senso della lunghezza con un coltello grande e affilato. Rimuovere i semi e la polpa di ogni metà usando un cucchiaio.

Strofinare l'olio d'oliva sull'interno delle metà della zucca e cospargere di sale e pepe.

Configura il tuo Traeger smoker-grill per la cottura indiretta e preriscalda a 185°C.

Posizionare le metà della zucca a faccia in su direttamente sulle griglie calde.

Cuocere la zucca per circa 45 minuti, fino a quando la temperatura interna raggiunge gli 80°C.

Al termine, la zucca risulterà morbida e facilmente infilzabile con una forchetta.

Trasferire la zucca su un tagliere e lasciarla raffreddare per 10 minuti.

Aumentare la temperatura della griglia a 215°C.

Facendo attenzione a mantenere i gusci intatti, usare una forchetta per rastrellare avanti e indietro la zucca per rimuovere la carne in filamenti.

Trasferire i fili in una grande ciotola. Aggiungere metà della mozzarella e del parmigiano e mescolare per combinare.

Riempite di nuovo il composto nelle metà del guscio di zucca e cospargete le cime con la mozzarella e il parmigiano rimasti.

Infornare le mezze zucche ripiene per altri 15 minuti a 215°C, o fino a quando il formaggio inizia a dorare.

Nutrizione:

Calorie: 214,3   Proteine: 1,9g   Carboidrati: 35g   Grasso: 1.7g   Fibra: 0,9 g

Pomodori affumicati

Preparazione: 5 minuti   **Cottura**: 45 minuti   **Porzioni**: 3

Ingredienti:
- 1 palla di pomodori, tagliata a metà
- Un levistico secco (opzionale)
- 2 pizzichi di sale marino
- 3 Pepe nero
- 4 cucchiai di olio d'oliva

Indicazioni:

Tagliare i pomodori a metà e ricoprirli di olio d'oliva in una ciotola abbastanza grande da contenerli. Aggiungete un pizzico di sale e pepe nero. Usa le mani e mescola i pomodori fino a quando non sono uniformemente ricoperti dal composto.

Mettere i pomodori su una teglia e poi sulla griglia.

Aumentare la temperatura a circa 80-90°C.

I pomodori saranno pronti in circa 45 minuti. I bordi cominceranno ad arricciarsi e l'interno a fare le bolle.

Nutrizione:

Calorie: 50   Proteine: 1,0 g   Carboidrati: 2g   Grasso: 5g   Fibra: 0,9 g

Olive affumicate

Preparazione: 5 minuti   **Cottura**: 35-50 minuti   **Porzioni**: 4

Ingredienti:
- 1 tazza di olive nere
- 1 tazza di olive verdi
- 2 cucchiai di olio extravergine d'oliva
- 2 cucchiai di vino bianco
- 2 spicchi d'aglio tritati
- ¾ di cucchiaino di rosmarino secco
- pepe nero fresco macinato a piacere

Indicazioni:

Imposta la griglia a 115°C.

Disporre le olive in un vassoio.

Aggiungere i restanti ingredienti.

Mettere le olive nell'affumicatore e cuocere fino a quando le olive assorbono metà del liquido e assumono un leggero ma identificabile sapore di fumo, 30-50 minuti. Il tempo dipende dalla vostra griglia! Prova del gusto dopo circa 15-20 minuti.

Le olive possono essere servite immediatamente con del formaggio asiago grattugiato sopra di loro o possono stare per diverse ore per sviluppare ulteriormente il sapore.

Mettete in frigo gli avanzi. Assicuratevi di conservare l'olio d'oliva avanzato per intingere il pane.

Nutrizione:

Calorie: 40   Proteine: 0,5 g   Carboidrati: 2g   Grasso: 4g   Fibra: 0,9 g

Spaghetti di zucca con burro e parmigiano

Preparazione: 15 minuti   **Cottura**: 50-60 minuti   **Porzioni**: 5

Ingredienti:

- 1 zucca da 1 kg circa.
- burro non salato
- Pizzico di noce moscata fresca grattugiata
- 1/3 di tazza di formaggio Parmigiano-Reggiano grattugiato
- Sale e pepe

Indicazioni:

Mettere la zucca intera in una grande pentola e aggiungere acqua per coprire. Portare a ebollizione a fuoco alto, ridurre il fuoco a medio-basso e cuocere a fuoco lento, scoperto, fino a quando la zucca può essere facilmente perforata con un coltello, circa 45 minuti.

Nel frattempo, in una casseruola a fuoco medio-alto, sciogliere il burro e cuocerlo fino a quando diventa marrone e comincia appena a fumare, da 3 a 4 minuti. Togliere immediatamente dal fuoco e mescolare con la noce moscata. Quando la zucca è pronta, scolarla e metterla da parte fino a quando non è abbastanza fredda da poterla maneggiare. Tagliare la zucca a metà nel senso della lunghezza e, usando una forchetta, raschiare i semi e scartarli. Mettere le metà della zucca, con i lati tagliati verso l'alto, su un piatto da portata. Con la forchetta, raschiare la polpa dalla buccia, separandola accuratamente nei fili simili a spaghetti che si formano naturalmente. Lasciare i fili ammucchiati nelle metà della zucca. Se il burro si è raffreddato, metterlo su fuoco medio fino a quando è caldo.

Per servire, versare il burro in modo uniforme sulla zucca. Cospargere con il formaggio e condire con sale e pepe. Servire immediatamente.

Nutrizione:

Calorie: 214,3   Proteine: 3,5 g   Carboidrati: 5g   Grasso: 5,4g   Grasso saturo: 1.7g

Jalapeno affumicato avvolto con pancetta

Preparazione: 10 minuti   **Cottura**: 25 minuti   **Porzioni**: 4

Ingredienti:

- 12 peperoni jalapeño
- 225 gr di formaggio cremoso, temperatura ambiente
- 10 pezzi di pancetta

Indicazioni:

Preriscaldate la vostra griglia a 175°C.

Lavare e tagliare le cime dei peperoni, poi tagliarli a metà per il lungo. Raschiare i semi e le membrane e metterli da parte. Avvolgre un cucchiaio di formaggio con la pancetta e fissare con uno stuzzicadenti.

Posizionare su rastrelliere antiaderenti o spruzzate con spray antiaderente e grigliare per 20-25 minuti o finché la pancetta non è cotta.

Nutrizione:

Calorie: 94   Proteine: 5,5 g   Carboidrati: 5g   Grasso: 7

Crostata di pomodori al forno

Preparazione: 20 minuti   **Cottura**: 1 ora e 40 minuti   **Porzioni**: 6

Ingredienti:

- 1 foglio di pasta sfoglia
- 900 gr di pomodori
- ½ tazza di ricotta
- 5 uova
- ½ cucchiaio di sale
- ½ cucchiaino di foglie di timo
- ½ cucchiaino di fiocchi di pepe rosso
- Pizzico di pepe nero
- 4 rametti di timo
- Sale e pepe

Indicazioni:

Quando si è pronti a cucinare, impostare la temperatura a 175°C e preriscaldare, coperchio chiuso per 15 minuti.

Mettere la pasta sfoglia su una teglia foderata con carta forno e fare un taglio a ¾ della pasta.

Affettare i pomodori e condirli con sale. Disporre su un vassoio rivestito di carta assorbente.

In una piccola ciotola unire la ricotta, 4 delle uova, il sale, le foglie di timo, i fiocchi di pepe rosso e il pepe nero. Sbattete insieme fino a quando non si combinano. Distribuire il composto di ricotta sulla pasta sfoglia lasciando lo spazio per il bordo.

Disporre i pomodori sopra la ricotta e cospargere con sale, pepe e rametti di timo.

In una piccola ciotola sbattere l'ultimo uovo. Spennellare il lavaggio dell'uovo sui bordi esposti della pasta.

Posizionare la teglia direttamente sulla griglia e cuocere per 45 minuti, ruotando a metà strada.

Quando i bordi sono dorati e l'umidità dei pomodori è evaporata, togliere dalla griglia e

lasciare raffreddare 5-7 minuti prima di servire. Buon appetito!
Nutrizione:

Calorie: 443   Proteine: 13,5 Carboidrati: 36,5g   Grasso: 6
                  g

Ricette di pesce e frutti di mare

Ricciola arrosto

Preparazione: 10 minuti   Cottura: 30 minuti   Porzioni: 4

Ingredienti:

- 4 filetti di ricciola
- 450 gr di patate novelle
- 2 cucchiai di olio d'oliva
- 1 lb. Funghi, ostrica
- 1 cucchiaino di pepe nero macinato
- 4 cucchiai di olio d'oliva

Salsa Verde:

- 1 cucchiaio di cilantro, tritato
- 2 cucchiai di menta tritata
- ½ tazza di prezzemolo, tritato
- 2 spicchi d'aglio, tritati
- 1 cucchiaio di origano, tritato
- 1 limone, il succo
- 1 tazza di olio d'oliva
- 1/8 di cucchiaino di pepe in fiocchi
- Sale

Indicazioni:

- Preriscaldare la griglia ad alta temperatura con un coperchio chiuso.
- Mettere una padella di ferro direttamente sulla griglia. Lasciarla riscaldare per 10 minuti.
- Strofinare il pesce con l'olio. Condire con pepe nero e sale.
- In 2 ciotole diverse mettere i funghi e le patate, irrorare con olio e condire con pepe nero e sale. Mescolare.
- Mettere le patate nella padella. Cuocere 10 minuti. Aggiungere i funghi.
- Mettere i filetti sulla griglia con la pelle verso il basso. Cuocere per 6 minuti e girarli. Cuocere per altri 4 minuti.
- Mentre le patate, i funghi e il pesce cuociono, preparate la salsa verde. In una ciotola unire tutti gli ingredienti e mescolare per combinare.
- Mettete i funghi e le patate su un piatto, coprite con un filetto e irrorate con la salsa verde.
- Servire e gustare!

Nutrizione:

Calorie: 398   Proteine: 52g   Carboidrati: 20g   Grasso: 18g   Zucchero: 14g

Trota al forno

Preparazione: 15 minuti   Cottura: 20 minuti   Porzioni: 4-6

Ingredienti:

- 1 limone
- 2 spicchi d'aglio, tritati
- ½ scalogno, tritato
- 3 cucchiai di burro non salato
- Condimento italiano
- 1 filetto di trota

Indicazioni:

- Preriscaldare la griglia a 175°C con un coperchio chiuso.
- In una padella di ferro mettere il burro. Mettere la padella nella griglia mentre si preriscalda in modo che il burro si sciolga.
- Tritare l'aglio e lo scalogno. Togliere la padella dalla griglia e aggiungere l'aglio e lo scalogno.
- Spalmare il composto sul filetto. Tagliare il limone a fette. Posizionare la fetta sul composto di burro.
- Mettere il pesce sulla griglia. Cuocere 20 - 30 minuti.
- Togliere dalla griglia e servire. Buon appetito!

Nutrizione:

Calorie: 230   Proteine: 28g   Carboidrati: 2g   Grasso: 14g   Zucchero: 1g

Salmone in salamoia al vino

Preparazione: 15 minuti   Cottura: 5 ore   Porzioni: 4

Ingredienti:

- 2 tazze di salsa di soia a basso contenuto di sodio
- 1 tazza di vino bianco secco
- 1 tazza di acqua
- ½ cucchiaino di salsa Tabasco
- 1/3 di tazza di zucchero
- ¼ di tazza di sale
- ½ cucchiaino di aglio in polvere
- ½ cucchiaino di cipolla in polvere
- Pepe nero macinato, come richiesto
- 4 filetti di salmone

Indicazioni:

- In una grande ciotola aggiungere tutti gli ingredienti tranne il salmone e mescolare fino a quando lo zucchero è sciolto.

- Aggiungere i filetti di salmone e ricoprire bene con la salamoia.
- Mettere in frigo, coperto per tutta la notte.
- Togliere il salmone dalla ciotola e sciacquarlo sotto l'acqua corrente fredda.
- Con carta assorbente, asciugare i filetti di salmone.
- Disporre una rastrelliera in una teglia.
- Mettere i filetti di salmone sulla griglia, con la pelle verso il basso, e mettere da parte a raffreddare per circa 1 ora.
- Preriscaldare la griglia a 75°C.
- Disporre i filetti di salmone sulla griglia, con la pelle verso il basso, e cuocere per circa 3-5 ore o fino alla cottura desiderata.
- Togliere i filetti di salmone dalla griglia e servirli caldi.

Nutrizione:

Calorie: 379   Proteine: 41,1g   Carboidrati: 26,8g   Grasso: 10,5g   Zucchero: 25,3g

Salmone agli agrumi

Preparazione: 15 minuti   Cottura: 30 minuti   Porzioni: 6

Ingredienti:
- 2 filetti di salmone (450 gr)
- Sale e pepe nero macinato
- 1 cucchiaio di condimento per frutti

di mare
- 2 limoni, affettati
- 2 lime, tagliati a fette

Indicazioni:
- Preriscaldare la griglia a 105°C.
- Condire i filetti di salmone con sale, pepe nero e condimento per frutti di mare in modo uniforme.
- Posizionare i filetti di salmone sulla griglia e coprire ciascuno con fette di limone e lime in modo uniforme.
- Cuocere per circa 30 minuti.
- Togliere i filetti di salmone dalla griglia e servirli caldi.

Nutrizione:

Calorie: 327   Proteine: 36,1g   Carboidrati: 1g   Grasso: 19,8g   Zucchero: 0,2g

Lampuga

Preparazione: 10 minuti   Cottura: 10 minuti   Porzioni: 4

Ingredienti:
- 4 filetti di mahi-mahi (6 once)
- 2 cucchiai di olio d'oliva
- Sale e pepe nero macinato, come richiesto

Indicazioni:
- Preriscaldare la griglia a 175°C.
- Rivestire i filetti di pesce con olio d'oliva e condire uniformemente con sale e pepe nero.
- Mettere i filetti di pesce sulla griglia e cuocere per circa 5 minuti per lato.
- Togliere i filetti di pesce dalla griglia e servirli caldi.

Nutrizione:

Calorie: 195   Proteine: 31,6g   Carboidrati: 0g   Grasso: 7g   Zucchero: 0g

Trota al rosmarino

Preparazione: 10 minuti   Cottura: 5 ore   Porzioni: 8

Ingredienti:
- 1 trota di lago intera
- ½ tazza di sale
- ½ tazza di rosmarino fresco, tritato
- 2 cucchiai di scorza di limone, grattugiata finemente

Indicazioni:
- Strofinate generosamente la trota con il sale e poi cospargetela con il rosmarino e la scorza di limone.
- Disporre le trote in una grande teglia e mettere in frigo per circa 7-8 ore.
- Togliere le trote dalla teglia e sciacquarle sotto l'acqua corrente fredda per rimuovere il sale.
- Con della carta assorbente, asciugare completamente la trota.
- Disporre una griglia in una teglia. Mettere le trote sulla griglia, con la pelle verso il basso, e mettere in frigo per circa 24 ore.
- Preriscaldare la griglia a 80°C.
- Mettere la trota sulla griglia e cuocere per circa 2-4 ore o fino alla cottura desiderata.

- Togliere la trota dalla griglia e metterla su un tagliere per circa 5 minuti prima di servirla.

Nutrizione:

Calorie: 633   Proteine: 31,8g Carboidrati: 2,4g   Grasso: 31,8g   Zucchero: 0g

Platessa con semi di sesamo

Preparazione: 15 minuti   Cottura: 2 ore e mezza   Porzioni: 4

Ingredienti:
- ½ tazza di semi di sesamo, tostati
- ½ cucchiaino di sale
- 1 cucchiaio di olio di canola
- 1 cucchiaino di olio di sesamo
- 4 filetti di platessa

Indicazioni:
- Preriscaldare la griglia a 105°C.
- Con un mortaio schiacciare leggermente i semi di sesamo con il sale.
- In una piccola ciotola, mescolare entrambi gli oli.
- Rivestire generosamente i filetti di pesce con la miscela di olio e poi strofinare con la miscela di semi di sesamo.
- Mettere i filetti di pesce sul ripiano inferiore della griglia e cuocere per circa 2-2½ ore.
- Togliere i filetti di pesce dalla griglia e servirli caldi.

Nutrizione:

Calorie: 343   Proteine: 44,3g Carboidrati: 4,2g   Grasso: 16,2g   Zucchero: 0,1g

Spiedini di gamberi al prezzemolo

Preparazione: 15 minuti   Cottura: 8 minuti   Porzioni: 5

Ingredienti:
- ¼ di tazza di foglie di prezzemolo fresco, tritate
- 1 cucchiaio di aglio, schiacciato
- 2½ cucchiai di olio d'oliva
- 2 cucchiai di salsa di chili tailandese
- 1 cucchiaio di succo di lime fresco
- 675 gr di gamberi, sgusciati e decorticati

Indicazioni:

- In una grande ciotola, aggiungere tutti gli ingredienti tranne i gamberi e mescolare bene.
- In un sacchetto di plastica richiudibile, aggiungere la marinata e i gamberi.
- Sigillare il sacchetto e scuotere per ricoprire bene
- Mettere in frigo per circa 20-30 minuti.
- Preriscaldare la griglia a 230°C.
- Togliere i gamberi dalla marinata e infilarli su spiedini di metallo.
- Disporre gli spiedini sulla griglia e cuocere per circa 4 minuti per lato.
- Togliere gli spiedini dalla griglia e servirli caldi.

Nutrizione:

Calorie: 234   Proteine: 31,2g Carboidrati: 4,9g   Grasso: 9,3g   Zucchero: 1,7g

Gamberi al burro

Preparazione: 15 minuti   Cottura: 30 minuti   Porzioni: 6

Ingredienti:

- 225 gr di burro salato, fuso
- ¼ di tazza di salsa di soia
- ¼ di tazza di prezzemolo fresco, tritato
- 1 limone, tagliato in quattro
- 900 gr di gamberi giganti, sgusciati e decorticati
- 3 cucchiai di condimento per pesce

Indicazioni:

- In una teglia di metallo, aggiungere tutti gli ingredienti tranne i gamberi e il condimento e mescolare bene.
- Condire i gamberi con gli aromi in modo uniforme.
- Aggiungere i gamberi nella padella con la miscela di burro e ricoprire bene.
- Mettere da parte per circa 20-30 minuti.
- Preriscaldare la griglia a 120°C.
- Mettere la padella sulla griglia e cuocere per circa 25-30 minuti.
- Togliere la padella dalla griglia e servire caldo.

Nutrizione:

Calorie: 462   Proteine: 34,9g Carboidrati: 4,7g   Grasso: 33,3g   Zucchero: 2,1g

Capesante avvolte nel prosciutto

Preparazione: 15 minuti   Cottura: 40 minuti   Porzioni: 4

Ingredienti:
- 8 capesante grandi, sgusciate e pulite
- 8 fette di prosciutto extra-sottile

Indicazioni:
- Preriscaldare la griglia a 105-120°C.
- Disporre le fette di prosciutto su una superficie liscia.
- Mettere 1 capasanta sul bordo di 1 fetta di prosciutto e arrotolarla rimboccando i lati del prosciutto per coprirla completamente.
- Ripetere con le capesante e le fette di prosciutto rimanenti
- Disporre le capesante avvolte su una piccola rastrelliera.
- Mettere la griglia sulla griglia e cuocere per circa 40 minuti.
- Togliere le capesante dalla griglia e servirle calde.

Nutrizione:
Calorie: 160   Proteine: 23,5g   Carboidrati: 1,4g   Grasso: 6,7g   Zucchero: 0g

Vongole al burro

Preparazione: 15 minuti   Cottura: 8 minuti   Porzioni: 6

Ingredienti:
- 24 vongole
- ½ tazza di burro freddo, tritato
- 2 cucchiai di prezzemolo fresco, tritato
- 3 spicchi d'aglio, tritati
- 1 cucchiaino di succo di limone fresco

Indicazioni:
- Preriscaldare la griglia a 230°C.
- Strofinare le vongole sotto l'acqua corrente fredda.

- In una grande casseruola mescolare insieme i restanti ingredienti.
- Mettere la casseruola sulla griglia.
- Disporre le vongole direttamente sulla griglia e cuocetele per circa 5-8 minuti o finché non si aprono.
- Con una pinza, trasferire con cura le vongole aperte nella casseruola e toglierle dalla griglia.
- Servire immediatamente.

Nutrizione:

Calorie: 306   Proteine: 29,3g   Carboidrati: 6,4g   Grasso: 17,6g   Zucchero: 0,1g

Code di aragosta al limone

Preparazione: 15 minuti   Cottura: 25 ore   Porzioni: 4

Ingredienti:
- ½ tazza di burro fuso
- 2 spicchi d'aglio, tritati
- 2 cucchiai di succo di limone fresco
- Sale e pepe nero macinato
- 4 code d'aragosta

Indicazioni:
- Preriscaldare la griglia a 230°C.
- In una padella aggiungere tutti gli ingredienti tranne le code d'aragosta e mescolare bene.
- Mettere la padella sulla griglia e cuocere per circa 10 minuti.
- Nel frattempo, tagliare la parte superiore del guscio ed esporre la carne dell'aragosta.
- Togliere la padella della miscela di burro dalla griglia.
- Rivestire la carne dell'aragosta con la miscela di burro.
- Mettere le code d'aragosta sulla griglia e cuocere per circa 15 minuti, ricoprendo con la miscela di burro una volta a metà.
- Togliere dalla griglia e servire caldo.

Nutrizione:

Calorie: 409   Proteine: 43,5g   Carboidrati: 0,6g   Grasso: 24,9g   Zucchero: 0,1g

Vongole alla calce del Cile con pomodori e pane grigliato

Preparazione: 10 minuti   Cottura: 25 minuti   Porzioni: 4

Ingredienti:

- 6 cucchiai di burro a pezzi non salato
- 2 scalogni grandi, tritati
- 4 spicchi d'aglio tagliati sottili
- 1 cucchiaio di concentrato di pomodoro
- 1 tazza di birra
- 1 tazza di pomodori ciliegino
- 35 gr di piselli, sciacquati
- 2 cucchiai di salsa speziata e piccante
- (sambal oelek)
- 24 vongole
- 1 cucchiaio di succo di lime fresco
- 4 fette spesse di pane rustico
- 2 cucchiai di olio d'oliva
- Sale
- ½ tazza di foglie di coriandolo
- spicchi di lime

Indicazioni:

- Impostare la griglia a calore medio e indiretto. Mettete una grande padella sulla griglia a fuoco diretto e sciogliteci dentro 4 cucchiai di burro.
- Aggiungere gli scalogni e l'aglio e continuare a cuocere, mescolando spesso finché non si ammorbidiscono per circa 4 minuti.
- Aggiungere il concentrato di pomodoro e continuare la cottura, mescolando continuamente, fino a quando la pasta si scurisce in un ricco colore rosso mattone. Aggiungere la birra e i pomodori.
- Cuocere fino a quando la birra è ridotta quasi della metà, circa 4 minuti. Aggiungere i ceci e il sambal oelek, poi le vongole.
- Coprire e continuare la cottura fino a quando le vongole si sono aperte, forse da 5 a 10 minuti a seconda delle dimensioni delle vongole e del calore. Scartare le vongole che non si aprono. Versare il succo di lime e i restanti 2 cucchiai di burro.
- Mentre grigliate le vongole, potete cospargere il pane con olio e salare. Grigliare fino a quando diventa dorato e croccante.
- Mettete i toast sui piatti e spalmateli con il composto di vongole, poi copriteli con il coriandolo. Servire con spicchi di lime.

Nutrizione:

Calorie: 400   Proteine: 17g   Carboidrati: 33g   Grasso: 21g   Zucchero: 4g

Pesce alla griglia con salsa verde

| Preparazione: 15 minuti | Cottura: 30 minuti | Porzioni: 4 |

Ingredienti:

- 2 spicchi d'aglio
- 3 cucchiai di succo d'arancia fresco
- 1 cucchiaino di origano secco
- 2 tazze di cipolla bianca tritata
- ¾ di tazza di coriandolo tritato
- ¼ di tazza di olio extravergine d'oliva e più per la griglia
- 5 cucchiai di succo di lime fresco
- 450 gr di filetti di tilapia, spigola o storione

- Sale e pepe macinato
- 1 tazza di maionese
- 1 cucchiaio di latte
- 4 tortillas di mais
- 2 avocado, sbucciati e affettati
- ½ testa piccola di cavolo, torsolo e fette sottili
- Salsa Verde
- Spicchi di lime

Indicazioni:

- Mescolare l'aglio, il succo d'arancia, l'origano, una tazza di cipolla, ¼ di tazza di cilantro, ¼ di tazza di olio e 3 cucchiai di succo di lime in una ciotola media.
- Condire il pesce con sale e pepe macinato. Distribuire la miscela di ½ cipolla su una pirofila di vetro, poi metterci sopra il pesce.
- Versare il restante composto di cipolle sul pesce e raffreddare per una mezz'ora. Girare il pesce, coprire e raffreddare per un'altra mezz'ora.
- Mescolare la maionese, il latte e i restanti due cucchiai di succo di lime in una ciotolina.
- Impostare la griglia a calore medio-alto e spennellare la griglia con olio.
- Grigliate il pesce, con un po' di marinata, fino a che non sia opaco al centro, circa 3-5 minuti per ogni lato.
- Grigliate le tortillas fino a farle bruciare leggermente, circa dieci secondi per lato. Tagliare grossolanamente il pesce e metterlo su un piatto da portata.
- Servire con maionese al lime, tortillas, avocado, cavolo, Salsa Verde, spicchi di lime e la restante tazza di cipolla affettata e ½ tazza di cilantro.

Nutrizione:

| Calorie: 270 | Proteine: 20g | Carboidrati: 2g | Grasso: 22g | Zucchero: 1g |

Bistecche di salmone alla griglia con salsa yogurt al cilantro

| Preparazione: 10 minuti | Cottura: 20 minuti | Porzioni: 4 |

Ingredienti:

- Olio vegetale (per la griglia)
- 2 peperoncini serrano
- 2 spicchi d'aglio
- 1 tazza di foglie di coriandolo
- ½ tazza di yogurt greco intero semplice
- 1 cucchiaio di olio extravergine d'oliva
- 1 cucchiaio di miele
- Sale kosher
- 2 bistecche di salmone con osso

Indicazioni:

- Impostare la griglia per un calore medio-alto, poi oliare la griglia.
- Espellere ed eliminare i semi da un peperoncino. Mescolare i due peperoncini, l'aglio, il cilantro, lo yogurt, l'olio, il nettare e ¼ di tazza d'acqua in un frullatore finché non diventa liscio, poi condire bene con il sale.
- Spostare metà della salsa in una ciotolina e metterla da parte. Salare i tranci di salmone.
- Grigliare, girando più di una volta, finché non comincia a diventare scuro, circa 4 minuti.
- Continuare a grigliare, girando spesso e condendo con la salsa residua per almeno 4 minuti in più.

Nutrizione:

Calorie: 290   Proteine: 38g   Carboidrati: 1g   Grasso: 14g   Zucchero: 1g

Capesante alla griglia con salsa verde al limone

Preparazione: 15 minuti   Cottura: 15 minuti   Porzioni: 2

Ingredienti:

- 2 cucchiai di olio vegetale per la griglia
- 12 capesante grandi, muscolo laterale rimosso
- Sale e pepe nero macinato
- Salsa verde al limone

Indicazioni:

- Preparate la griglia per un calore medio-alto, poi oliate la griglia. Tossire le capesante con 2 cucchiai di olio su una teglia da forno bordata e condire con sale e pepe.
- Utilizzando una spatola da pesce o le mani, mettere le capesante sulla griglia.
- Grigliare, girando di tanto in tanto, fino a quando sono delicatamente colorati e cotti, circa 2 minuti per ogni lato.
- Servire le capesante con la salsa verde al limone.

Nutrizione:

Calorie: 30   Proteine: 6g   Carboidrati: 1g   Grasso: 1g   Zucchero: 1g

Gamberi alla griglia con burro

Preparazione: 15 minuti   Cottura: 15 minuti   Porzioni: 4

Ingredienti:

- 6 cucchiai di burro non salato
- ½ tazza di cipolla rossa tritata finemente
- 1 ½ cucchiaino di pepe rosso schiacciato
- 1 cucchiaio di pasta di gamberi malese
- 1 ½ cucchiaino di succo di lime
- Sale
- pepe nero macinato
- 24 gamberi grandi sgusciati e decorticati
- 6 spiedini di legno (meglio se messi a bagno in acqua per 30 minuti)
- Foglie di menta strappate e germogli assortiti

Indicazioni:

- In una piccola padella, sciogliere 3 cucchiai di burro. Aggiungere la cipolla e cuocere a fuoco moderato per circa 3 minuti.
- Aggiungere il peperone rosso schiacciato e la pasta di gamberi e cuocere fino a quando non è fragrante, circa 2 minuti.
- Aggiungere il succo di lime e i restanti 3 cucchiai di burro e salare. Tenere la salsa di gamberi in caldo.
- Preparare la griglia. Condire i gamberi con sale e pepe e infilzarli sugli spiedini, non troppo strettamente.
- Grigliare a fuoco alto, girando una volta fino a quando non è delicatamente colorato e cotto attraverso per circa 4 minuti.
- Spostate su un piatto da portata e spalmate con la salsa di gamberi. Distribuire le foglie di menta e i germogli e servire.

Nutrizione:

Calorie: 224   Proteine: 30g   Carboidrati: 1g   Grasso: 10g   Zucchero: 0g

Capesante alla griglia con insalata di mais

Preparazione: 25 minuti   Cottura: 30 minuti   Porzioni: 6

Ingredienti:

- 6 capesante sgusciate
- 1 grappolo di pomodori dimezzati
- 3 scalogni affettati, solo le parti bianche e verde chiaro
- 1/3 di tazza di foglie di basilico, tritate finemente
- Sale e pepe macinato

- 1 piccolo scalogno, tritato
- 2 cucchiai di aceto balsamico
- 2 cucchiai di acqua calda
- 1 cucchiaino di senape
- 3 cucchiai di olio di girasole
- 675 gr di capesante

Indicazioni:

- In una pentola di acqua bollente salata, cuocere il mais per circa 5 minuti. Scolare e raffreddare.
- Mettere il mais in una grande ciotola e tagliare i chicchi. Aggiungere i pomodori, lo scalogno e il basilico, poi condire con sale e pepe macinato.
- In un frullatore, mescolare lo scalogno tritato con l'aceto, l'acqua riscaldata e la senape. Con il frullatore acceso, aggiungere gradualmente 6 cucchiai di olio di girasole.
- Condire la vinaigrette con sale e pepe; a quel punto, aggiungerla all'insalata di mais.
- In un'enorme ciotola, fate saltare il restante 1 cucchiaio di olio con le capesante, poi condite con sale e pepe macinato.
- Scaldare una padella per la griglia. Mettete la metà delle capesante e grigliate a fuoco alto, girando una volta, fino a quando sono bruciate, circa 4 minuti.
- Ripetere con l'altra metà delle capesante. Disponete l'insalata di mais sui piatti, poi coprite con le capesante e servite.

Nutrizione:

Calorie: 230   Proteine: 33g   Carboidrati: 13g   Grasso: 5g   Zucchero: 4g

Ostriche alla griglia con burro alla tequila

Preparazione: 20 minuti   Cottura: 25 minuti   Porzioni: 6

Ingredienti:

- ½ cucchiaino di semi di finocchio
- ¼ di cucchiaino di pepe rosso schiacciato

- 7 cucchiai di burro non salato
- 1 di tazza di foglie di salvia
- 1 cucchiaino di origano secco

- 2 cucchiai di succo di limone
- 2 cucchiai di tequila
- Sale

- sale grosso
- 3 dozzine di ostriche medie, pulite

Indicazioni:

- In una padella, tostare i semi di finocchio e il peperone rosso schiacciato a fuoco moderato.
- Spostare su un mortaio e lasciare raffreddare. Pestare le spezie fino ad ottenere una polvere grossolana e poi spostarle in una ciotola.
- Usando la stessa padella, cuocere 3 cucchiai e mezzo di burro a fuoco moderato fino a quando diventa di colore scuro, circa due minuti.
- Aggiungere ¼ di tazza di salvia e continuare la cottura, girando di tanto in tanto, per circa 2 minuti. Spostare la salvia su un piatto.
- Trasferire il burro nella ciotola con le spezie. Ripetere con il burro rimanente e le foglie di salvia. Mettetene alcune da parte per la decorazione.
- Mettere le foglie di salvia fritte nel mortaio e schiacciarle con il pestello. Aggiungere la salvia schiacciata al burro insieme all'origano, al succo di limone, alla tequila e salare. Tenere in caldo.
- Preparare la griglia. Rivestire un piatto con sale grosso. Grigliare le ostriche a fuoco alto fino a quando si aprono, circa 1 o 2 minuti.
- Eliminare il guscio superiore e posizionare le ostriche sul sale grosso, facendo attenzione a non versare il loro succo.
- Versare la salsa di tequila calda sulle ostriche, decorare con una foglia di salvia fresca e servire.

Nutrizione:

Calorie: 68   Proteine: 10g   Carboidrati: 4g   Grasso: 3g   Zucchero: 2g

Calamaro di soia agli agrumi

Preparazione: 15 minuti   Cottura: 45 minuti   Porzioni: 4

Ingredienti:

- 1 tazza di mirin
- 1 tazza di salsa di soia
- 1/3 di tazza di limone fresco

- 2 tazze di acqua
- 900 gr di tentacoli di calamaro lasciati interi

Indicazioni:

- In una ciotola, mescolare il mirin, la salsa di soia, il succo di yuzu e l'acqua.
- Mettere un po' della marinata in un contenitore e metterla in frigo per un uso successivo.
- Aggiungere i calamari nella ciotola con il resto della marinata e lasciarli riposare per circa 30 minuti o metterli in frigo per 4 ore.
- Preparare la griglia. Scolare i calamari.
- Grigliare a fuoco medio-alto, girando una volta fino a quando non diventa bianco per 3 minuti.
- Servire caldo.

Nutrizione:

Calorie: 110   Proteine: 8g   Carboidrati: 6g   Grasso: 6g   Zucchero: 2g

Kebab di salmone speziato

Preparazione: 20 minuti   Cottura: 25 minuti   Porzioni: 4

Ingredienti:

- 2 cucchiai di origano fresco tritato
- 2 cucchiai di semi di sesamo
- 1 cucchiaino di cumino macinato
- 1 cucchiaino di sale
- ¼ di cucchiaino di fiocchi di pepe rosso schiacciati

- 675 gr di filetti di salmone senza pelle, tagliati in pezzi da 1
- 2 limoni, tagliati a rondelle sottili
- 2 cucchiai di olio d'oliva
- 16 spiedini di bambù messi a bagno in acqua per un'ora

Indicazioni:

- Prepara la griglia a fuoco medio. Mescolare l'origano, i semi di sesamo, il cumino, il sale e i fiocchi di pepe rosso in una ciotolina. Mettere la miscela di spezie da parte.
- Infilare il salmone e le fette di limone su 8 serie di spiedini paralleli per fare 8 spiedini.
- Spruzzare con olio e condire con la miscela di spezie.
- Grigliare e girare a volte fino a quando il pesce è cotto.

Nutrizione:

Calorie: 230   Proteine: 30g   Carboidrati: 1g   Grasso: 10g   Zucchero: 0g

Merluzzo al burro con cipolla alla griglia

Preparazione: 10 minuti   Cottura: 15 minuti   Porzioni: 4

Ingredienti:

- ¼ di tazza di burro
- 1 cipolla piccola tritata finemente
- ¼ di tazza di vino bianco
- 4 filetti di merluzzo
- 1 cucchiaio di olio extravergine

- d'oliva
- ½ cucchiaino di sale (o a piacere)
- ½ cucchiaino di pepe nero
- 1 limone

Indicazioni:

- Impostare la griglia a calore medio-alto.
- In una piccola padella far sciogliere il burro. Aggiungere la cipolla e cuocere per 1 o 2 minuti.
- Aggiungere il vino bianco e lasciare stufare per altri 3 minuti. Togliere e lasciare raffreddare per 5 minuti.
- Cospargere i filetti con olio extravergine d'oliva e cospargere di sale e pepe. Mettere il pesce su una griglia ben oliata e cuocere per 8 minuti.
- Condirlo con la salsa e girarlo con cautela. Cuocere per altri 6-7 minuti, girando più volte o fino a quando il pesce arriva a una temperatura interna di 145°F.
- Togliere dalla griglia, coprire con spicchi di limone e servire.

Nutrizione:

Calorie: 140   Proteine: 20g   Carboidrati: 4g   Grasso: 5g   Zucchero: 2g

Calamari alla griglia con salsa di senape, origano e prezzemolo

Preparazione: 10 minuti   Cottura: 35 minuti   Porzioni: 6

Ingredienti:

- 8 calamari, puliti
- 2 tazze di latte
- Salsa

- 4 cucchiai di senape dolce
- Succo di 2 limoni
- ½ tazza di olio d'oliva

- 2 cucchiai di origano fresco, tritato finemente
- Pepe macinato
- ½ mazzo di prezzemolo, tritato finemente

Indicazioni:
- Pulire bene i calamari e tagliarli a fette.
- Mettere i calamari con la carta alluminio, coprire e marinare con il latte per una notte.
- Togliere i calamari dal latte e scolarli bene su un tovagliolo di carta. Ungere leggermente il pesce con olio d'oliva.
- In una ciotola, combinare la senape e il succo dei due limoni.
- Sbattere leggermente e versare l'olio d'oliva molto lentamente; mescolare fino a quando tutti gli ingredienti sono ben combinati.
- Aggiungere l'origano e il pepe e mescolare bene.
- Avviare la griglia e impostare la temperatura su moderata; preriscaldare, coperchio chiuso, per 10-15 minuti.
- Mettete i calamari sulla griglia e cuoceteli per 2-3 minuti per lato o fino a quando hanno un po' di carbone e toglieteli dalla griglia.
- Trasferire i calamari su un piatto da portata e versarvi sopra la salsa di senape e il prezzemolo tritato.

Nutrizione:

Calorie: 212   Proteine: 3g   Carboidrati: 7g   Grasso: 19g   Zucchero: 5g

Seppie alla griglia con insalata di spinaci e pinoli

Preparazione: 15 minuti   Cottura: 30 minuti   Porzioni: 6

Ingredienti:
- ½ tazza di olio d'oliva
- 1 cucchiaio di succo di limone
- 1 cucchiaino di origano
- Pizzico di sale
- 8 seppie grandi, pulite
- Spinaci, pinoli, olio d'oliva e aceto per servire

Indicazioni:
- Preparare la marinata con olio d'oliva, succo di limone, origano e un pizzico di sale e pepe (attenzione, le seppie non hanno bisogno di troppo sale).
- Mettete le seppie nella marinata, mescolando per coprirle uniformemente. Coprire e marinare per circa 1 ora.

- Togliere le seppie dalla marinata e asciugarle su un tovagliolo di carta.
- Avviare la griglia, e impostare la temperatura su alta, e preriscaldare, coperchio chiuso, per 10-15 minuti.
- Grigliare le seppie per soli 3 - 4 minuti su ogni lato.
- Servire caldo con spinaci, pinoli, olio d'oliva e aceto.

Nutrizione:

Calorie: 299   Proteine: 28g   Carboidrati: 3g   Grasso: 19g   Zucchero: 2g

Filetti di pesce gatto al limone di Digione alla griglia

Preparazione: 15 minuti   Cottura: 25 minuti   Porzioni: 6

Ingredienti:
- ½ tazza di olio d'oliva
- Succo di 4 limoni
- 2 cucchiai di senape di Digione
- ½ cucchiaino di sale
- 1 cucchiaino di paprika
- Rosmarino fresco tritato
- 4 (da 6 a 8 once) filetti di pesce gatto

Indicazioni:
- Impostare la temperatura media e preriscaldare, con il coperchio chiuso, per 10-15 minuti.
- Sbattere l'olio d'oliva, il succo di limone, la senape, il sale, la paprika e il rosmarino tritato in una ciotola.
- Spennellare un lato di ogni filetto di pesce con metà della miscela di olio d'oliva e limone; condire con sale e pepe a piacere.
- Grigliare i filetti, coperti, da 4 a 5 minuti. Girare i filetti e spennellare con la miscela di olio d'oliva e limone rimanente.
- Grigliate ancora da 4 a 5 minuti (non coprite).
- Togliere i filetti di pesce su un piatto da portata, cospargere di rosmarino e servire.

Nutrizione:

Calorie: 295   Proteine: 16g   Carboidrati: 3g   Grasso: 24g   Zucchero: 2g

Filetti di halibut alla griglia con marinata al peperoncino e rosmarino

Preparazione: 15 minuti   Cottura: 55 minuti   Porzioni: 6

Ingredienti:

- 1 tazza di olio d'oliva vergine
- 2 grandi peperoncini rossi, tritati
- 2 spicchi d'aglio, tagliati in quarti
- 1 foglia di alloro

- 1 rametto di rosmarino
- 2 limoni
- 4 cucchiai di aceto bianco
- 4 filetti di halibut

Indicazioni:

- In un grande contenitore, mescolare l'olio d'oliva, il peperoncino rosso tritato, l'aglio, l'alloro, il rosmarino, il succo di limone e l'aceto bianco.
- Immergere i filetti di halibut e mescolare bene.
- Coprire e marinare in frigorifero per diverse ore o durante la notte.
- Togliere le acciughe dalla marinata e asciugarle su carta assorbente per 30 minuti.
- Avviare la griglia, impostare la temperatura media e preriscaldare con il coperchio chiuso per 10-15 minuti.
- Grigliare le acciughe, con la pelle verso il basso per circa 10 minuti o fino a quando la carne del pesce diventa bianca (i tagli più sottili e i filetti possono cuocere in meno di 6 minuti).
- Girare una volta durante la cottura per evitare che l'halibut cada a pezzi.
- Trasferire in un grande piatto da portata, versare un po' di succo di limone sul pesce, cospargere di rosmarino e servire.

Nutrizione:

Calorie: 259   Proteine: 51g   Carboidrati: 5g   Grasso: 4g   Zucchero: 2g

Aragosta alla griglia con burro al limone e prezzemolo

Preparazione: 15 minuti   Cottura: 40 minuti   Porzioni: 4

Ingredienti:

- 1 aragosta (o più)
- ½ tazza di burro fresco

- 2 limoni succo (appena spremuto)
- 2 cucchiai di prezzemolo

- Sale e pepe macinato a piacere

Indicazioni:

- Usare una pentola abbastanza grande per contenere le aragoste e riempire acqua e sale. Portare a ebollizione e mettere l'aragosta. Far bollire per 4 - 5 minuti.
- Rimuovere l'aragosta sulla superficie di lavoro.
- Tirare il corpo alla base della testa e dividere la testa.
- Tenere saldamente il corpo, con l'addome verso l'alto, e con un coltello affilato tagliarlo lungo nel mezzo.
- Avviate la vostra griglia con il coperchio aperto fino a quando il fuoco si è stabilito (da 4 a 5 minuti). Imposta la temperatura a 175°C e preriscalda con il coperchio chiuso per 10-15 minuti.
- Sciogliere il burro e batterlo con succo di limone, prezzemolo, sale e pepe. Spalmare il composto di burro sull'aragosta e mettere direttamente su una griglia.
- Grigliare le aragoste con il lato tagliato verso il basso per circa 7-8 minuti fino a quando i gusci sono di colore brillante (dipende anche dalla loro dimensione).
- Girare l'aragosta e spennellare con la miscela di burro. Grigliate per altri 4 - 5 minuti.
- Servire caldo cosparso di burro al limone e prezzemolo tritato finemente.

Nutrizione:

Calorie: 385   Proteine: 37g   Carboidrati: 2g   Grasso: 24g   Zucchero: 2g

Trota alla griglia con marinata di vino bianco e prezzemolo

Preparazione: 20 minuti   Cottura: 45 minuti   Porzioni: 4

Ingredienti:

- ¼ di tazza di olio d'oliva
- 1 succo di limone
- ½ tazza di vino bianco
- 2 spicchi d'aglio tritati
- 2 cucchiai di prezzemolo fresco, tritato finemente
- 1 cucchiaio di basilico fresco, tritato finemente
- Sale e pepe nero appena macinato a piacere
- 4 pesci trota, puliti
- Fette di limone per guarnire

Indicazioni:

- In un grande contenitore, mescolare l'olio d'oliva, il succo di limone, il vino, l'aglio, il prezzemolo, il basilico e il sale e il pepe nero appena macinato a piacere.
- Immergere il pesce nella salsa e mescolare bene.

- Coprire e marinare in frigorifero per una notte.
- Quando sei pronto a cucinare, avvia la griglia su Smoke con il coperchio aperto per 4 o 5 minuti. Imposta la temperatura a 200°C e preriscalda, con il coperchio chiuso, per 10-15 minuti.
- Togliere il pesce dalla marinata e asciugarlo su un tovagliolo di carta; riservare la marinata.
- Grigliare la trota per 5 minuti da entrambi i lati (fare attenzione a non cuocere troppo il pesce).
- Versare il pesce con la marinata e servire caldo con fette di limone.

Nutrizione:

Calorie: 267   Proteine: 16g   Carboidrati: 3g   Grasso: 18g   Zucchero: 2g

Calamari ripieni grigliati

Preparazione: 15 minuti   Cottura: 30 minuti   Porzioni: 8

Ingredienti:
- 900 gr di calamari
- 4 spicchi d'aglio
- 10 rametti di prezzemolo
- 4 fette di pane vecchio
- 1/3 di tazza di latte
- Sale e pepe bianco macinato
- 4 fette di prosciutto crudo
- 4 fette di formaggio
- 3 cucchiai di olio d'oliva
- 1 limone

Indicazioni:
- Lavate e pulite i calamari e asciugateli su un tovagliolo di carta. Tritare finemente il prezzemolo e l'aglio.
- Tagliare il pane a cubetti e immergerlo nel latte.
- Aggiungere prezzemolo, aglio, pepe bianco e sale. Mescolare bene.
- Tagliare il formaggio in pezzi più grandi (i pezzi dovrebbero essere abbastanza grandi da poter essere spinti attraverso l'apertura del calamaro).
- Mescolare il formaggio con le fette di prosciutto e mescolare bene con i restanti ingredienti.
- Utilizzare le dita per aprire il sacchetto dei calamari e spingere il composto all'interno. Alla fine aggiungete dell'altro pane.
- Chiudere le aperture con degli stuzzicadenti.
- Avviare la griglia su fumo con il coperchio aperto per 5 minuti.
- Impostare la temperatura al massimo e preriscaldare, con il coperchio chiuso, per 10 - 15

minuti.

- Grigliare i calamari per 3 - 4 minuti facendo attenzione a non bruciarli. Servire caldo.

Nutrizione:

Calorie: 290   Proteine: 25g   Carboidrati: 13g   Grasso: 13g   Zucchero: 6g

Stufato di pesce

Preparazione: 20 minuti   Cottura: 25 minuti   Porzioni: 8

Ingredienti:

- 1 barattolo di pomodoro pelato
- 56 gr di pasta di pomodoro
- ¼ di tazza di vino bianco
- ¼ di tazza di brodo di pollo
- 2 cucchiai di burro
- 2 spicchi d'aglio, tritati
- ¼ di cipolla, tagliata a dadini
- 225 gr di gamberetti divisi e puliti
- 225 gr di vongole
- 225 gr di halibut
- Prezzemolo
- Pane

Indicazioni:

- Preriscaldare la griglia a 150°C con un coperchio chiuso.
- Mettere un forno olandese a fuoco medio e sciogliere il burro.
- Soffriggere la cipolla per 4 - 7 minuti. Aggiungere l'aglio. Cuocere ancora per 1 minuto.
- Aggiungere il concentrato di pomodoro. Cuocere fino a quando il colore diventa rosso ruggine. Versare il brodo e il vino. Cuocere 10 minuti. Aggiungere i pomodori, cuocere a fuoco lento.
- Tritare l'halibut e insieme agli altri frutti di mare aggiungerlo nel forno olandese. Mettetelo sulla griglia e coprite con un coperchio.
- Lasciate cuocere per 20 minuti.
- Condire con pepe nero e sale e mettere da parte.
- Coprire con prezzemolo tritato e servire con il pane.

Nutrizione:

Calorie: 188   Proteine: 25g   Carboidrati: 7g   Grasso: 12g   Zucchero: 3g

Gamberi affumicati

Preparazione: 4 ore e 15 minuti   Cottura: 10 minuti   Porzioni: 4

Ingredienti:
- 4 cucchiai di olio d'oliva
- 1 cucchiaio di condimento Cajun
- 2 spicchi d'aglio, tritati
- 1 cucchiaio di succo di limone
- Sale a piacere
- 900 gr di gamberi, sgusciati e decorticati

Indicazioni:
- Unire tutti gli ingredienti in un sacchetto di plastica sigillabile.
- Mescolare per ricoprire uniformemente.
- Marinare in frigorifero per 4 ore.
- Impostare la griglia su alta temperatura
- Preriscaldare per 15 minuti mentre il coperchio è chiuso.
- Infilare i gamberi sugli spiedini.
- Grigliare per 4 minuti per lato.
- Suggerimento per il servizio: Guarnire con spicchi di limone.
- Suggerimenti per la preparazione/cucina: Immergere prima gli spiedini in acqua se si usano spiedini di legno.

Nutrizione:

Calorie: 298   Proteine: 42g   Carboidrati: 10g   Grasso: 10g   Zucchero: 5g

Merluzzo con burro al limone e alle erbe

Preparazione: 30 minuti   Cottura: 15 minuti   Porzioni: 4

Ingredienti:
- 4 cucchiai di burro
- 1 spicchio d'aglio, tritato
- 1 cucchiaio di dragoncello, tritato
- 1 cucchiaio di succo di limone
- 1 cucchiaino di scorza di limone
- Sale e pepe a piacere

- 450 gr di filetto di merluzzo

Indicazioni:
- Preriscaldare la griglia a fuoco alto per 15 minuti mentre il coperchio è chiuso.
- In una ciotola, mescolare il burro, l'aglio, il dragoncello, il succo e la scorza di limone, il sale e il pepe.
- Mettere il pesce in una teglia.
- Spalmare il composto di burro sulla parte superiore.
- Cuocere il pesce per 15 minuti.
- Suggerimenti per la preparazione/cucina: Si possono usare anche altri filetti di pesce bianco per questa ricetta.

Nutrizione:

Calorie: 218   Proteine: 22g   Carboidrati: 20g   Grasso: 12g   Zucchero: 10g

Salmone con salsa di avocado

Preparazione: 30 minuti   Cottura: 20 minuti   Porzioni: 6

Ingredienti:
- 1,3 kg di filetto di salmone
- Sale e pepe all'aglio a piacere
- 4 tazze di avocado, tagliato a cubetti
- 1 cipolla, tritata
- 1 peperone jalapeño, tritato
- 1 cucchiaio di succo di lime
- 1 cucchiaio di olio d'oliva
- ¼ di tazza di coriandolo, tritato
- Sale a piacere

Indicazioni:
- Cospargere entrambi i lati del salmone con sale e pepe all'aglio.
- Impostare la griglia sul fumo.
- Grigliate il salmone per 7-8 minuti per lato.
- Nell'attesa, preparate la salsa unendo i restanti ingredienti in una ciotola.
- Servire il salmone con la salsa di avocado.
- Suggerimento per il servizio: Guarnire con spicchi di limone.
- Suggerimenti per la preparazione/cucina: Puoi anche usare la salsa di pomodoro per questa ricetta se non hai l'avocado.

Nutrizione:

Calorie: 278   Proteine: 20g   Carboidrati: 17g   Grasso: 11g   Zucchero: 7g

Chele di granchio al burro

Preparazione: 30 minuti   Cottura: 10 minuti   Porzioni: 4

Ingredienti:

- 12 cucchiai di burro
- 1 cucchiaio di prezzemolo tritato
- 1 cucchiaio di dragoncello, tritato
- 1 cucchiaio di erba cipollina, tritata
- 1 cucchiaio di succo di limone
- 1,8 kg di chele di granchio reale, divise al centro

Indicazioni:

- Impostare la griglia a 185°C.
- Preriscaldare per 15 minuti mentre il coperchio è chiuso.
- In una padella a fuoco medio, cuocere il burro, le erbe e il succo di limone per 2 minuti.
- Mettere le zampe di granchio sulla griglia.
- Versare metà della salsa sopra.
- Grigliate per 10 minuti.
- Servire con la salsa di burro riservata.
- Suggerimento per il servizio: Guarnire con spicchi di limone.
- Suggerimenti per la preparazione/cucina: Si possono anche usare i gamberi per questa ricetta.

Nutrizione:

Calorie: 218   Proteine: 28g   Carboidrati: 18g   Grasso: 10g   Zucchero: 2g

Salmone affumicato alla griglia

Preparazione: 15 minuti   Cottura: 30 minuti   Porzioni: 4

Ingredienti:

- 4 filetti di salmone
- Condimento vegetale per pesce

Indicazioni:

- Condire i filetti di salmone con il rub secco e il condimento in polvere.
- Grigliate nella griglia a 165°C per 10-15 minuti per lato.
- Suggerimento per il servizio: Guarnire con spicchi di limone.
- Suggerimenti per la preparazione/cucina: Si può anche irrorare il salmone con succo di

limone

Nutrizione:

Calorie: 258   Proteine: 23g   Carboidrati: 20g   Grasso: 12g   Zucchero: 0g

Gamberi piccanti

Preparazione: 45 minuti   Cottura: 10 minuti   Porzioni: 4

Ingredienti:

- 3 cucchiai di olio d'oliva
- 6 spicchi d'aglio
- 2 cucchiai di aromi per il pesce
- 6 once di peperoncino

- 1 ½ cucchiaio di aceto bianco
- 1 cucchiaio e mezzo di zucchero
- 2,7 kg di gamberi, sgusciati e decorticati

Indicazioni:

- Aggiungere l'olio d'oliva, l'aglio, il rub secco, il peperoncino, l'aceto e lo zucchero in un robot da cucina.
- Frullare fino ad ottenere un risultato omogeneo.
- Trasferire il composto in una ciotola.
- Mescolare i gamberetti.
- Coprire e mettere in frigo per 30 minuti.
- Preriscaldare la griglia per 15 minuti mentre il coperchio è chiuso.
- Infilare i gamberi sugli spiedini.
- Grigliare per 3 minuti per lato.
- Suggerimento per il servizio: Guarnire con erbe tritate.
- Suggerimenti per la preparazione/cucina: Puoi anche aggiungere delle verdure agli spiedini.

Nutrizione:

Calorie: 250   Proteine: 24g   Carboidrati: 18g   Grasso: 13g   Zucchero: 10g

Tonno grigliato alle erbe

Preparazione: 4 ore e 15 minuti   Cottura: 10 minuti   Porzioni: 6

Ingredienti:

- 6 bistecche di tonno
- 1 cucchiaio di scorza di limone
- 1 cucchiaio di timo fresco, tritato
- 1 cucchiaio di prezzemolo fresco, tritato
- Sale all'aglio a piacere

Indicazioni:

- Cospargere i tranci di tonno con la scorza di limone, le erbe e il sale all'aglio.
- Coprire con un foglio di alluminio.
- Mettere in frigo per 4 ore.
- Grigliare per 3 minuti per lato.
- Suggerimento per il servizio: Coprire con fette di limone prima di servire.
- Suggerimenti per la preparazione/cucina: Togliere il pesce dal frigorifero 30 minuti prima della cottura.

Nutrizione:

Calorie: 234   Proteine: 25g   Carboidrati: 17g   Grasso: 11g   Zucchero: 2g

Arrosto di dentice

Preparazione: 30 minuti   Cottura: 15 minuti   Porzioni: 4

Ingredienti:

- 4 filetti di dentice
- Sale e pepe a piacere
- 2 cucchiaini di dragoncello secco
- Olio d'oliva
- 2 limoni, affettati

Indicazioni:

- Impostare la griglia su alte temperature
- Preriscaldare per 15 minuti mentre il coperchio è chiuso.
- Aggiungere 1 filetto di pesce sopra un foglio di alluminio.
- Cospargere con sale, pepe e dragoncello.
- Irrorare con olio.
- Mettere sopra le fette di limone.
- Piegare e sigillare i pacchetti.
- Mettete i pacchetti di carta stagnola sulla griglia.
- Cuocere per 15 minuti.
- Aprire con cura e servire.
- Suggerimento per il servizio: Irrorare con burro fuso prima di servire.
- Suggerimenti per la preparazione/cucina: Si possono anche aggiungere lance di

asparagi o broccoli nella confezione da cuocere con il pesce.

Nutrizione:

Calorie: 222   Proteine: 18g   Carboidrati: 12g   Grasso: 10g   Zucchero: 2g

Filetti di pesce al pesto

Preparazione: 15 minuti   Cottura: 15 minuti   Porzioni: 6

Ingredienti:
- 2 tazze di basilico fresco
- tazza di prezzemolo, tritato
- ½ tazza di noci
- ½ tazza di olio d'oliva

- 1 tazza di parmigiano, grattugiato
- Sale e pepe a piacere
- 4 filetti di pesce bianco

Indicazioni:
- Preriscaldare la griglia su alta temperatura per 15 minuti mentre il coperchio è chiuso.
- Aggiungere tutti gli ingredienti tranne il pesce in un robot da cucina.
- Nel frattempo, condire il pesce con sale e pepe.
- Grigliare per 6-7 minuti per lato.
- Servire con la salsa al pesto.
- Suggerimento per il servizio: Guarnire con foglie di basilico fresco.
- Suggerimenti per la preparazione/cucina: Potete anche spalmare un po' di pesto sul pesce prima di grigliarlo.

Nutrizione:

Calorie: 279   Proteine: 32g   Carboidrati: 20g   Grasso: 14g   Zucchero: 2g

Halibut con pesto di aglio

Preparazione: 20 minuti   Cottura: 10 minuti   Porzioni: 4

Ingredienti:
- 4 filetti di halibut
- 1 tazza di olio d'oliva
- Sale e pepe a piacere

- ¼ di tazza di aglio, tritato
- ¼ di tazza di pinoli

Indicazioni:

- Impostare la griglia sul fumo.
- Stabilire il fuoco per 5 minuti.
- Impostare la temperatura su alto.
- Condire il pesce con sale e pepe.
- Aggiungere il pesce alla padella.
- Irrorare con un po' d'olio.
- Cuocere per 4 minuti per lato.
- Preparare il pesto d'aglio mettendo i restanti ingredienti nel robot da cucina fino ad ottenere un composto omogeneo.
- Servire il pesce con il pesto d'aglio.
- Suggerimento per il servizio: Cospargere di erbe fresche prima di servire.
- Preparazione / Consigli di cucina: Si possono usare anche altri filetti di pesce bianco per questa ricetta.

Nutrizione:

Calorie: 298   Proteine: 32g   Carboidrati: 20g   Grasso: 16g   Zucchero: 0g

Dentice vermiglio intero

Preparazione: 15 minuti   Cottura: 25 minuti   Porzioni: 6

Ingredienti:

- 1 mazzo di rosmarino
- 4 spicchi d'aglio, tritati (sbucciati)
- 1 limone, tagliato sottile
- Pepe nero
- Sale marino
- 1 dentice vermiglio, eviscerato e squamato

Indicazioni:

- Preriscaldare la griglia ad alta temperatura con un coperchio chiuso.
- Farcire il pesce con l'aglio. Cospargere con rosmarino, pepe nero, sale marino e farcire con fette di limone.
- Grigliate per 25 minuti.

Nutrizione:

Calorie: 240   Proteine: 43g   Carboidrati: 0g   Grasso: 3g   Zucchero: 0g

Branzino affumicato

Preparazione: 10 minuti   Cottura: 40 minuti   Porzioni: 4

Ingredienti:

- Marinatura
- 1 cucchiaio di timo fresco
- 1 cucchiaio di origano fresco
- 8 chiodi di garofano aglio, schiacciato
- 1 limone, il succo
- ¼ di tazza di olio
- Spigola

- 4 filetti di branzino, senza pelle
- Pollo Rub Seasoning
- Condimento per frutti di mare (come Old Bay)
- 8 cucchiai di burro d'oro
- Per guarnire
- Timo
- Limone

Indicazioni:

- Per preparare la marinata mettere in un sacchetto richiudibile gli ingredienti e mescolare. Aggiungere i filetti e marinare per 30 minuti in frigorifero. Girare una volta.
- Preriscaldare la griglia a 165°C con un coperchio chiuso.
- In un piatto da forno aggiungere il burro. Togliere il pesce dalla marinata e versarlo nella pirofila. Condire il pesce con il condimento per frutti di mare. Metterlo nella pirofila e sulla griglia. Cuocere 30 minuti. Imbastire 1 - 2 volte.
- Togliere dalla griglia quando la temperatura interna è di 70°C.
- Guarnire con fette di limone e timo.

Nutrizione:

Calorie: 220   Proteine: 32g   Carboidrati: 1g   Grasso: 8g   Zucchero: 1g

Hamburger di tonno

Preparazione: 30 minuti   Cottura: 15 minuti   Porzioni: 4-6

Ingredienti:

- 900 gr. di tonno, macinata
- 2 uova
- 1 peperone, tagliato a dadini
- 1 cucchiaino salsa di soia

- 1 cipolla, tagliata a dadini
- 1 cucchiaio di condimento per il salmone

Indicazioni:

- In una grande ciotola combinare il condimento del salmone, il peperone, la cipolla, la salsa di soia, le uova e il tonno. Mescolare bene. Oliare le mani e fare delle polpette.

- Preriscaldare la griglia ad alta temperatura.
- Grigliate le polpette di tonno per 10-15 minuti. Giratele dopo 7 minuti.

Nutrizione:

Calorie: 236   Proteine: 18g   Carboidrati: 1g   Grasso: 5g   Zucchero: 1g

Vongole alla griglia con burro all'aglio

Preparazione: 10 minuti   Cottura: 8 minuti   Porzioni: 6-8

Ingredienti:
- 1 limone, tagliato a spicchi
- 1 2 cucchiai di liquore aromatizzato all'anice
- 2 cucchiai di prezzemolo tritato
- 2- 3 spicchi d'aglio, tritati
- 8 cucchiai di burro a pezzetti
- 24 vongole

Indicazioni:
- Pulire le vongole con acqua fredda. Scartare quelle che hanno il guscio rotto o non si chiudono.
- Preriscaldare la griglia a 230°C con un coperchio chiuso.
- In una casseruola spremere il succo di 2 spicchi e aggiungere prezzemolo, aglio, burro e liquore. Disporre le vongole sulla griglia. Grigliare 8 minuti, fino a quando si aprono. Scartare quelle che non si aprono.
- Trasferire le vongole nella teglia.
- Servire in un piatto poco profondo con spicchi di limone. Buon appetito!

Nutrizione:

Calorie: 273   Proteine: 4g   Carboidrati: 0,5g   Grasso: 10g   Zucchero: 0g

Ricetta di pesce semplice ma deliziosa

Preparazione: 45 minuti   Cottura: 10 minuti   Porzioni: 4-6

Ingredienti:
- 1,8 kg di pesce a piacere tagliato a pezzi
- 1 cucchiaio di aglio tritato
- 1/3 di tazza di olio d'oliva
- 1 tazza di salsa di soia
- Basilico, tritato

- 2 Limoni, il succo

Indicazioni:
- Preriscaldare la griglia a 175°C con un coperchio chiuso.
- Unire gli ingredienti in una ciotola. Mescolare per combinare. Marinare il pesce per 45 minuti.
- Grigliare il pesce fino a raggiungere la temperatura interna di 145F.
- Servite con il vostro contorno preferito e buon appetito!

Nutrizione:

Calorie: 153   Proteine: 25g   Carboidrati: 1g   Grasso: 4g   Zucchero: 1g

Chele di granchio alla griglia

Preparazione: 15 minuti   Cottura: 30 minuti   Porzioni: 4-6

Ingredienti:
- 1 tazza di burro fuso
- 1,3 kg di chele di granchio tagliate a metà
- 2 cucchiai di succo di limone, fresco
- 1 cucchiaio di Old Bay
- 2 spicchi d'aglio, tritati
- Per guarnire, prezzemolo tritato
- Per servire: Spicchi di limone

Indicazioni:
- Mettere le chele di granchio in una teglia.
- In una ciotola unire il succo di limone, il burro e l'aglio. Mescolare. Versare sulle chele. Rivestire bene. Cospargere con la vecchia baia.
- Preriscaldare la griglia a 175°C con un coperchio chiuso.
- Mettete la teglia sulla griglia e cuocete per 20 - 30 minuti sbattendo due volte con la salsa nella teglia.
- Mettere le gambe su un piatto. Dividere la salsa di granchio tra 4 ciotole per l'immersione.

Nutrizione:

Calorie: 170   Proteine: 20g   Carboidrati: 0g   Grasso: 8g   Zucchero: 0g

Bistecche di tonno scottate

Preparazione: 5 minuti   Cottura: 5 minuti   Porzioni: 2-4

Ingredienti:

- Tonno da 7 cm circa
- 1 Pepe nero
- 1 pizzico di sale marino
- 3 cucchiai di olio d'oliva
- 2 Sriracha
- 2 cucchiai di salsa di soia

Indicazioni:

- Ungere le bistecche di tonno con olio e cospargere con pepe nero e sale.
- Preriscaldare la griglia ad alta temperatura con un coperchio chiuso.
- Grigliare il tonno per 2 minuti e mezzo per lato.
- Togliere dalla griglia. Lasciare riposare per 5 minuti.
- Tagliare a pezzi sottili e servire con salsa di soia. Buon appetito.

Nutrizione:

Calorie: 120   Proteine: 34g   Carboidrati: 0g   Grasso: 1,5g   Zucchero: 1g

Mix di gamberi arrostiti

Preparazione: 30 minuti   Cottura: 1 ora e 30 minuti   Porzioni: 8 - 12

Ingredienti:

- 1,3 kg di gamberi con le code
- 900 gr di salsiccia affumicata
- 6 pannocchie tagliate in 3 pezzi
- 900 gr di patate rosse
- Old Bay

Indicazioni:

- Preriscaldare la griglia a 135°C con un coperchio chiuso.
- Per prima cosa, cuocere la salsiccia sulla griglia. Cuocere per 1 ora.
- Aumentare la temperatura ad alta. Condire il mais e le patate con l'Old Bay. Ora arrostite fino a che non diventano tenere.
- Condire i gamberi con l'Old Bay e cuocere sulla griglia per 20 minuti.
- In una ciotola unire gli ingredienti cotti. Mescolare.
- Regolare il condimento con Old Bay e servire. Buon appetito!

Nutrizione:

Calorie: 530   Proteine: 20g   Carboidrati: 32g   Grasso: 35g   Zucchero: 25g

Spiedini di gamberi conditi

Preparazione: 10 minuti   Cottura: 35 minuti   Porzioni: 4

Ingredienti:

- 675 gr di gamberi freschi grandi, sgusciati e decorticati
- 2 cucchiai di basilico tritato
- 2 cucchiaini di aglio tritato
- ½ cucchiaino di sale marino
- ½ cucchiaino di pepe nero macinato
- 1/3 di tazza di olio d'oliva
- 2 cucchiai di succo di limone

Indicazioni:

- Mettere il basilico, l'aglio, il sale, il pepe nero e l'olio in una grande ciotola, frullare fino a quando sono ben combinati, poi aggiungere i gamberetti e mescolare fino a quando sono ben rivestiti.
- Poi collegare l'affumicatore, riempire il suo vassoio con trucioli di legno di noce e la

vaschetta dell'acqua con acqua e vino bianco a metà, e mettere la leccarda sopra la vaschetta dell'acqua.

- Poi chiudere il coperchio e preriscaldare l'affumicatore a 105°C.
- Nel frattempo, infilare i gamberetti su spiedini di legno, sei gamberetti su ogni spiedino.
- Posizionare gli spiedini di gamberi sulla rastrelliera dell'affumicatore, poi chiudere con il coperchio e impostare il timer per fumare per 35 minuti o i gamberi sono opachi.
- Al termine, versare il succo di limone sui gamberi e servire.

Nutrizione:

Calorie: 168   Proteine: 14g   Carboidrati: 2g   Grasso: 11g   Zucchero: 0g

Trota marinata

Preparazione: 7 ore   Cottura: 3 ore   Porzioni: 8

Ingredienti:

- 1,8 kg di filetti di trota
- ½ tazza di sale
- ½ tazza di zucchero di canna
- 2 quarti di acqua

Indicazioni:

- Versare l'acqua in un grande contenitore con un coperchio, aggiungere il sale e lo zucchero e mescolare fino a quando il sale e lo zucchero sono completamente sciolti.
- Aggiungere la trota, versare altra acqua per immergere la trota nella salamoia e mettere in frigo da 4 a 8 ore, coprendo il contenitore.
- Poi togliere la trota dalla salamoia, sciacquarla bene e asciugarla con carta assorbente.
- Mettere la trota su una rastrelliera di raffreddamento, con la pelle verso il basso, e raffreddare in frigorifero per 2 ore o fino a quando è asciutta.
- Poi togliete la trota dal frigorifero e portatela a temperatura ambiente.
- Nel frattempo, collegate l'affumicatore, riempite il suo vassoio con trucioli d'acero e la pentola dell'acqua a metà e mettete la leccarda sopra la pentola dell'acqua.
- Poi apri lo sfiato superiore, chiudi con il coperchio e usa le impostazioni di temperatura per preriscaldare l'affumicatore a 70°C.
- Nel frattempo, mettere la trota sulla rastrelliera dell'affumicatore, inserire un termometro per la carne, poi chiudere con il coperchio e impostare il timer per affumicare per 2 ½ a 3 ore o più fino a quando il termometro per la carne registra una temperatura interna di 65°C.
- Controllare lo sfiato dell'affumicatore ogni ora e aggiungere altri trucioli e acqua per mantenere la temperatura e il fumo.
- Servire subito.

Nutrizione:

Calorie: 49   Proteine: 8,8g   Carboidrati: 0g   Grasso: 1,2g   Zucchero: 10g

Conclusione

Le griglie elettriche sono rivoluzionarie e possono cambiare per sempre il nostro modo di cucinare. Le moderne griglie rendono la cottura piacevole e senza problemi.

Che tu sia un cuoco amatoriale che ospita un barbecue in cortile o un pitmaster in una competizione di barbecue, una griglia elettricar può facilmente diventare uno degli apparecchi più importanti che puoi possedere per aiutarti a fare pasti saporiti con molto meno sforzo.

Anche se la griglia non è la scelta preferita di tutti, è chiaro che è un elettrodomestico indispensabile per la cucina all'aperto. Se amate affumicare, grigliare, arrostire, grigliare o cucinare direttamente il cibo, la griglia Traeger è chiaramente versatile e vi ha coperto.

Cucinare con una griglia ti permette di scegliere il sapore desiderato per creare il fumo perfetto per insaporire il tuo cibo.. La parte migliore è che si può usare un singolo sapore o sperimentare con la miscelazione e l'abbinamento dei sapori per inventare la propria combinazione.

Proprio come ogni apparecchio di cottura, le griglie elettriche hanno alcuni inconvenienti ma i vantaggi li mettono in ombra. Vale quindi sicuramente la pena di provare.

In questi giorni, un metodo popolare di cottura è l'affumicatura, che molti appassionati usano. Proteine come diversi tipi di carne, pollame e pesce si rovinerebbero rapidamente se si usassero le tecniche moderne di cottura. L'affumicatura, invece, è un processo che richiede molto tempo e bassa temperatura, che cuoce a fondo la carne. Il fumo, specialmente il fumo bianco, migliora notevolmente il sapore di quasi tutti gli alimenti. Ma più di questo, l'affumicatura sigilla e conserva le sostanze nutritive nel cibo. L'affumicatura è flessibile ed è una delle tecniche più antiche per preparare il cibo.

Qualcuno una volta ha definito il fumo come una forma d'arte. Solo con un periodo minimo di sforzo costante, qualsiasi appassionato può facilmente padroneggiare le basi e le tecniche avanzate. Si dice anche che una volta che padroneggi e migliori la tua esperienza nell'affumicatura, non considererai più la padronanza delle altre tecniche di cucina. Ma a causa delle molte tecniche di affumicatura, devi trovare una tecnica che sia adatta al tuo temperamento e al tuo stile. Puoi farlo sperimentando e provando diversi metodi di affumicatura e diversi tipi di legno. Prova a cuocere i prodotti di carne per diverse ore usando una fonte di calore non direttamente sulla carne. Ma devi assicurarti che il fumo abbia uno spazio per impregnare la tua carne e darle una via d'uscita.

L'immagine di un buon tempo con i propri cari, i vicini e gli amici che fanno un barbeque in giardino è una bella vista, vero? Avere un affumicatore-grill e alcune ricette alla griglia e affumicate è eccellente quando si hanno ospiti a casa, perché si può offrire sia cibo gustoso che un momento magico in una notte d'estate, per esempio. Sono disponibili centinaia di ricette fantastiche che potete provare! Sperimentate, migliorate o create le vostre ricette - dipende da voi. Potete farlo in modo facile e veloce. Ma se volete andare sul sicuro con quelle provate e testate, fate pure. Queste ricette sono note per essere giuste al gusto e funzionano ogni volta. Una combinazione di creare un'impressione corretta la prima volta e ogni volta e godersi del cibo delizioso lungo la strada sarà il vostro vantaggio.

Un'altra cosa fantastica di queste ricette è che sono facili da preparare e non richiedono che tu sia un mago in cucina. Semplicemente seguendo alcuni semplici passi e avendo gli ingredienti giusti a disposizione, puoi usare queste ricette per fare del cibo delizioso in pochissimo tempo. Quindi, provate queste ricette e spargete la voce! Sono sicuro che questo libro di ricette si rivelerà un regalo prezioso anche per i vostri cari!

Infine, mentre avrete un fantastico tempo di affumicatura e grigliatura con qualsiasi modello di griglia potete scegliere: i modelli sono abbastanza diversi. Offrono servizi diversi e sono adatti a utenti diversi. E' necessario acquistare in modo intelligente in modo da acquistare una griglia che si adatta perfettamente a voi e soddisfa tutte le vostre esigenze.

Se state considerando l'acquisto di una griglia da soli, allora per prima cosa dovete sapere è il miglior tipo di griglie sul mercato e quello che fa per voi. È necessario sapere come funzionano e confrontare quali sono quelli che fanno tendenza. La nuova tecnologia sta uscendo con prodotti sempre migliori tra cui scegliere, e se non aggiornate il vostro acquisto e continuate a comprare le stesse vecchie cose, allora rimarrete indietro.

Ora non è più necessario cercare sul web per le vostre ricette preferite: questo libro è una soluzione perfetta.

www.ingramcontent.com/pod-product-compliance
Lightning Source LLC
Chambersburg PA
CBHW080555090426
42735CB00016B/3247